つぶつぶ雑穀 甘酒 スイーツ

甘さがおいしい驚きの簡単スイーツレシピ

大谷ゆみこ

学陽書房

炊いた雑穀ごはんに、ほんのひと手間かけて、
完全栄養バランスの
自家製スイーツを作ってみませんか。

はじめに

　日本では古くから甘酒とよばれる、腸を元気にする発酵飲料を日常的に作って飲んでいました。「酒」と書くので誤解されがちですが、アルコール分はゼロです。

　甘酒の作り方を進化させて、甘味料を作ることに成功しました。

　それが雑穀甘酒スイーツです。

　雑穀甘酒スイーツのおかげで、砂糖いらずの健康なスイーツライフが実現しました。遠い南の国から砂糖を運んでこなくても、夢のようにおいしいオリジナルのスイーツバリエーションを楽しめるようになったのです。

　天然の甘さに感動し、日々楽しんでいたら、肌も心も若返り、しなやかで抵抗力のある体も手に入りました。

　甘いもの＝体に悪い、の罪悪感からまったく自由になれただけでもうれしいのに、雑穀甘酒スイーツの甘さは体を積極的に健康にしてくれる甘さなんです。

　ステキでしょ！

大谷ゆみこ

TSUBUTSUBU SWEETS

はじめに	3
雑穀甘酒スイーツはこんなにパワフル！	6
完全栄養バランスの発酵甘味料！	9
砂糖を使わない理由	10
基本の雑穀甘酒スイーツ！	12
基本の雑穀甘酒スイーツの作り方	14
基本の雑穀甘酒クリームの作り方	16
雑穀甘酒スイーツ　粒＆クリーム	17
コラム　麹の話	18

CONTENTS

雑穀甘酒スイーツ　活用レシピ1

ホットつぶつぶ甘酒	20
クールつぶつぶ甘酒	21
つぶつぶ甘酒白玉	22
揚げたてお餅のつぶつぶ甘酒トッピング	23
つぶつぶ甘酒抹茶みつ豆	24
つぶつぶ甘酒フレーク	25
つぶつぶ甘酒かき氷	26
甘酒＆豆乳のフレンチトースト風	27
コラム：甘さを引き出す決め手は自然塩	28

雑穀甘酒スイーツ　活用レシピ2

つぶつぶ甘酒スムージー	小豆	30
つぶつぶ甘酒スムージー	抹茶	30
つぶつぶ甘酒スムージー	黒ごま	32
つぶつぶ甘酒スムージー	フルーツ	32
つぶつぶ甘酒ドリンク	水割り＆豆乳割り	34
甘酒フルーツシェイク	マンゴー＆バナナ	36
甘酒フルーツパフェ		38

雑穀甘酒スイーツ 活用レシピ 3
つぶつぶ甘酒クレープ　　　　　　　　　　　40
つぶつぶ甘酒パンケーキ　　　　　　　　　　42
つぶつぶ甘酒ドーナッツ　　　　　　　　　　43
つぶつぶ甘酒ビスケット　　　　　　　　　　44
コラム：スイーツと食べたい漬け物　　　　　46

雑穀甘酒スイーツ 活用レシピ 4
つぶつぶ甘酒と豆粉のほろほろあん菓子　　　48
つぶつぶ甘酒と豆粉のしぐれようかん　　　　49
ほんのり甘いやわらか串団子　　　　　　　　50
甘酒雪見大福　　　　　　　　　　　　　　　51
コラム：ゆで小豆の作り方　　　　　　　　　52

雑穀甘酒スイーツ 活用レシピ 5
つぶつぶ甘酒アイスクリーム　プレーン白＆黒　54
つぶつぶ甘酒アイスクリーム　抹茶、ナッツ、レーズン　56
コラム：体にやさしいお茶と雑穀甘酒スイーツで、
　　　　心ふんわりのくつろぎタイム　　　　58

本格雑穀甘酒スイーツ 上級編
基本の本格雑穀甘酒　　　　　　　　　　60
　ヒエ、キビ、アワ甘酒の作り方
　高キビ甘酒の作り方
ヒエ甘酒クリームのイチゴミルク　　　　　63
ヒエ甘酒豆腐　　　　　　　　　　　　　　64
ヒエ甘酒フルーツ羹　　　　　　　　　　　65
ヒエ甘酒小豆アイス　　　　　　　　　　　66
ヒエ甘酒のミルキーゼリー　　　　　　　　67
バナナの高キビ甘酒チョコ風クリームトッピング　68
マンゴーwithキビ甘酒カスタード　　　　　68
つぶつぶ甘酒2色スムージー　　　　　　　70

雑穀の栄養　　　　　　　　　　　　　　　72
雑穀の魅力　　　　　　　　　　　　　　　74
つぶつぶ Information　　　　　　　　　　76
おわりに　　　　　　　　　　　　　　　　79

本書で使用している
計量の単位

1カップ………200cc
1合……………180cc
大さじ1………15cc
小さじ1………5cc

雑穀甘酒スイーツは

ミネラル、ビタミン、食物繊維に富んだ、
アミノ酸バランスの優れた天然の総合栄養剤

こんなにパワフル！

POWER1

ジャパニーズヨーグルト＝甘酒

　私たちの腸の中には、約300種類の細菌が棲みついています。その数は、なんと100兆個という想像もできない数だといいます。びっくりですね。

　300種類の細菌がバランスを保っていれば、お腹の状態は快調ということになります。免疫力のある体をつくるのも、彼らの働きです。

　腸の中では、腸の働きを助けて腸内環境を整える「善玉菌」と、有毒なガスを出すなどして善玉菌を殺したりバランスを崩す方に働く「悪玉菌」の2種類が共存しているわけですが、悪玉菌が増えると善玉菌が減ってしまうという関係になっています。

　日本オリジナルの発酵飲料「甘酒」は乳酸菌の宝庫です。善玉菌を応援して腸内バランスを整える「ジャパニーズ・ヨーグルト」として、海外でも評価が高まっています。

雑穀甘酒スイーツには、善玉菌がデンプンを分解する過程で生成されたビタミンや、ミネラルなどの栄養物質がたくさん含まれています。

反対に、タンパク質と動物性脂肪が好物の悪玉菌は、腸の中でタンパク質や脂肪を分解し、有害物質や有害なガスをつくり出します。肉中心で、野菜が少ない食生活の人や、乳製品やケーキが好きな人の腸は、有害物質や有毒ガスで充満しています。

そして、善玉菌はどんどん減ってしまい、腸の働きは低下します。便秘が当たり前の体になってしまうのです。

雑穀甘酒スイーツを毎日食べると、善玉菌がどんどん増えて悪玉菌をおさえる効果が期待できます。便秘知らずの快適な毎日を楽しんでくださいね。

POWER2
便秘を解消して健康な腸をつくる

POWER3
シミを予防して美しい肌をつくる甘酒の甘味

穀物を発酵させた雑穀甘酒スイーツを常食とすることで、腸のバランスは整い、体の中から肌荒れやシミも改善されていきます。

動物性の食品や砂糖、さまざまな不自然食品を食べると、腸のバランスは狂い、有害物質や有毒ガスが腸壁から吸収されて全身を駆けめぐり、体全体の働きを破壊します。

なんとかバランスをとるために、体は皮膚から有害成分を排泄しようとして皮脂成分の排出を増やすので、肌が脂性になります。また、毒素によって毛穴が傷ついて、ニキビをはじめとするさまざまな肌のトラブルが生じます。

さらに、肌を守ろうとしてメラニン色素が生成されるので、シミもできやすくなります。

腸の環境が整うと、自然に肌のシミやくすみが改善され、いつしかツルツルの肌になっていることに気がつきます。

雑穀甘酒スイーツは高繊維のアルカリ性食品なので、アルカリ性の健全な血液のもとになります。

また、体に必要な栄養素のほとんどが含まれているので、吸収された栄養はすみやかに必要なところに運ばれ、チームワークを発揮してしっかり働くことができ、自律神経が整いやすくなります。

ビタミンを例にとると、雑穀甘酒スイーツには、吸収されやすいかたちでさまざまなビタミンが含まれています。それも、コップ半分で1日に必要なビタミンが摂取できる程の量です。

穀物の表面のタンパク質に麹カビが生えることによって、分解されて良質の植物性アミノ酸をたくさん生成するので、アミノ酸も豊富です。

雑穀甘酒スイーツの材料である「麹」には、アスペラチンという制ガン効果が期待できる物質が含まれていることも明らかになっています。

POWER 4
元気な血液をつくる

POWER 5
色白で若々しい細胞をつくる

雑穀には、若さと美しさをつくるもう一つの秘密があります。その秘密は雑穀の色です。キビの黄色、高キビの赤、ソバの紫、ヒエのクリーム色などなど、雑穀の色はみな、免疫力を高めて細胞の酸化を防ぎ、若さを保つといわれる抗酸化成分の色です。

雑穀を毎日食べると、栄養のチームワークにポリフェノールの抗酸化力が加わり、若々しい細胞が再生されやすくなります。

雑穀甘酒スイーツで手作りのスイーツライフを、おいしい、おいしいと毎日おおらかな気持ちで楽しんでいると、体に脂肪やゴミがたまらないだけでなく、たまった脂肪やゴミもどんどん掃除されて、体の中からピカピカになり、細胞の若返りが期待できます。

抗ガン作用や若返りの作用、肌の美白作用も期待できる奇跡の甘味料に出会えて、幸せです！

完全栄養バランスの発酵甘味料！

食べて美しく健康になれて、若さも保ってくれるパワーを秘めた雑穀甘酒スイーツ。
毎日のお菓子作りが100倍楽しくなります。

太りにくいスイーツの秘密

　私たちの体は、食べたものに含まれる栄養成分のすべてを吸収しているわけではありません。植物の根が土の中から、自分が成長するために必要な栄養分だけを選択して吸収するように、私たち人間の体は、本来、食べものの中から必要な栄養だけを吸収するようにできています。

　つまり、小腸の内面にびっしり伸びた絨毛という体の根から、必要な栄養だけを必要な量だけ選択して吸収する仕組みが備わっています。その働きをコントロールしているのが食物繊維です。

　食物繊維の豊富な雑穀甘酒スイーツなら、カロリーや栄養成分の計算など必要ありません。食べものそのものにダイエット効果が期待できるので、太っている人は不要な栄養素が排出されて贅肉が落ちやすくなり、やせ過ぎの人は栄養を充分吸収する体に変わってふっくらする効果も期待できます。

　やせるというより、いらないものを出す力や必要なものを吸収する力がバランスよく働いて、それぞれの体にとって、適正な体型を取り戻す結果に近づきます。とくに、内臓にたまった脂肪を溶かして排出する効果もあるといわれています。

甘いものを楽しむこととダイエットの両立

　雑穀甘酒スイーツには、脂肪細胞をためこむ肥満体質を根っこから改善する力があるといわれています。

　食物繊維は、植物性の食べものにしか含まれていません。植物の中でも穀物は、とくに豊富な食物繊維を含んでいます。その穀物の中でも、もちキビ、もちアワ、ヒエ、高キビなど、伝統の雑穀類の繊維量の多さには、目を見張るものがあります。

　食物繊維も豊富な雑穀で作られている雑穀甘酒スイーツを使ったお菓子やデザートの栄養分は、適正な量が適正なスピードで消化吸収されるので、太る心配をせずに楽しめます。そのうえ、体にたまった毒素や不要物、余分な栄養を追い出す働きがあるので、肝臓の負担も少なく、健康に理想の体型を維持することが期待できます。

　バランスのよい栄養が吸収されていくことで、少しずつため込んだ脂肪を溶かして、すい臓の働きを正常に戻す効果も期待できます。

　雑穀甘酒スイーツの出現で、甘いものを楽しむこととダイエットの両立という、これまで絶対に不可能と思われてきたライフスタイルが実現します。ワクワクしてきませんか。

まだまだこんなにある 食物繊維の働き

1. 体の浄化
体に余分な栄養や老廃物は大腸に集められ、それを食物繊維が吸着して、便と一緒に体外に出しやすくします。

2. 若返り
食物繊維の多いスイーツは、歯ごたえがあるので、脳を刺激して若返りのホルモンを生成しやすくします。

3. 腸の掃除
便通を促し、腸の内壁を掃除して、発ガン性物質などの有毒成分をすみやかに体外に排出しやすくします。

4. 腸内微生物を育てる
食物繊維は腸内環境を健全に保ち、乳酸菌などのよい微生物を育て、食べものの消化力を高めやすくします。

砂糖を使わない理由

穀物のおいしさの醍醐味は、噛んでいるうちにデンプン消化酵素によって分解糖化されてブドウ糖に変化していく、ダイナミックなおいしさです。穀物食からは、複雑で深い甘さと風味、そして満足感を味わうことができます。

砂糖や蜂蜜、果糖など、ブドウ糖1〜2個でできている、強烈で単純な精製された甘さは、素材の味と風味を消し、味覚をマヒさせてしまう傾向があります。

本当のおいしさを求めるなら、ノーシュガーがオススメです。

体のエネルギー源はブドウ糖です。ブドウ糖を燃焼させてエネルギーに変換するためには、30種類もの酵素とその酵素を働かせるビタミンB群のすべてが必要です。

ブドウ糖のメイン供給源である穀物には、ビタミンB群が多量に含まれていますが、砂糖、蜂蜜、メープルシロップなどの甘味にはビタミンB群がほとんど含まれていません。だから、砂糖などの糖分はほとんどエネルギーに変換できずに、脂肪として蓄積されてしまいます。エネルギー不足で疲れやすくなったり、イライラしながら太っていくという最悪の状況に陥りやすいのです。

砂糖などの精製された糖分は、単糖類とよばれ、複雑な構造のデンプンとは違って、通常のプロセスを経ずに、食道や胃の粘膜から一部はブドウ糖に分解されずに吸収されます。

吸収を調節する機能が働くことができないので、過度の摂取により、急速に血液の糖濃度が上がって神経を乱し、体のバランスが大きく乱れて、さまざまな病気の原因になっていきます。

食べた糖分の多くが不完全燃焼になるので、体は有毒な煤（すす）だらけになり、解毒のために腎臓や肝臓への負担が大きく、利用できるカロリーは1/10以下といわれています。

砂糖は、亜熱帯や熱帯で生育するサトウキビを搾った汁を精製して作られます。トロピカルフルーツも砂糖も、暑い国でとれる食べものには、その土地の人の体をクールダウンしてくれる力が備わっています。

その砂糖や果物を日本のような温帯地域で日常的に食べると、体が中から冷えて機能がストップしてしまい、冷え性をはじめ、さまざまなトラブルの原因になりがちです。とくに冬は危険です。

美容によいと信じられている果物が、小ジワとシミをつくる原因の1つだといわれていることをご存じですか。

果物の糖分は果糖といいます。果糖は、体を構成するコラーゲン繊維というタンパク質の老化を引き起こす作用が非常に強い糖といわれています。若い人の皮膚のコラーゲン繊維はまっすぐですが、年をとるとだんだん波打ってきます。その老化を促進するのが果糖です。

過度に摂取した果糖がコラーゲン繊維に作用して繊維を変質させ、乱れや色素沈着を起こすメイラード反応という作用は、ブドウ糖の300倍も強いそうです。

砂糖は果糖とブドウ糖が結合したものなので、砂糖も小ジワとシミの原因となります。メープルシロップも蜂蜜も、果糖のかたまりです。果糖の含まれていない雑穀甘酒スイーツなら安心ですね。

BASIC 基本 の雑穀甘酒スイーツ！

雑穀ごはんが一晩で
自家製ヘルシー甘味料に変身！

雑穀ごはん ＋ 熱湯 ＋ 乾燥麹 ＋ 55℃で20～24時間保温

雑穀ごはん　　　　熱湯 　　　　　乾燥麹

○乾燥麹があれば、毎日のごはんから、驚くほど簡単に、それもたった一晩で、びっくりするほど甘くて後味すっきりの甘酒が作れます。

○雑穀ごはんと水と麹の配合のバランスを工夫して創作した、オリジナルの雑穀甘酒スイーツを紹介します。
「甘味料」、「生成り色のあん」、「甘味クリーム」として多彩に活用できます。

基本の雑穀ごはんの炊き方

雑穀の優れた栄養価が見直されています。
どこでも手軽に雑穀が買えるようになり、
雑穀を混ぜて炊く習慣も広く定着しています。
ここでは、よりおいしく雑穀ごはんを楽しめる
基本の炊き方をご紹介します。
雑穀には玄米ごはんを超える栄養素が
含まれているので、
白米の1〜2割を雑穀に代え、
自然塩を入れて炊き込むだけで、
食卓のヘルシー度はグーッとアップします。

材料
白米………2+2/3合
五穀………1/3合
自然塩……小さじ1弱
水…………炊飯器の3合の目盛り分

❶ 白米と五穀を洗う。

❷ ❶を炊飯器に入れて3の目盛りまで水を入れ、塩を加える。

❸ 炊きあがったら、水で濡らしたしゃもじで大きく返してほぐしておく。

○五穀の部分は手持ちのブレンド雑穀でも、一種類の雑穀でもOKです。
　上記の分量で1割雑穀ごはんです。
　白米の量を2+1/3合に減らして五穀の量を2/3合に増やすと2割雑穀ごはんになります。
　その場合は、水加減をちょっとだけ少なめにして3合の目盛りの線の下に合わせるのがポイント。
○雑穀ごはんは、自然塩を入れて炊くと、ミネラルバランスが整って、
　つやつやふっくらとおいしく炊きあがります。

五穀ブレンド　見た目と味わいと栄養バランスを考えてブレンドしました。

雑穀のもつパワーがハモった総合力を、毎日のごはんから吸収できます。

黄色が鮮やかな「もちキビ」をベースに「もちアワ」、「ヒエ」、「赤米」、「黒米」を合わせたもの。白米に1〜2割混ぜて炊くだけです。赤と黒のアクセントがかわいい、ほんのりピンクがかった生成り色のごはんになります。

香ばしさとソフトなもっちり感のハーモニーがうれしいおいしさです。味、食感の面でも、赤米、黒米がアクセントになっています。

「もちキビ」は善玉コレステロールを増やし、肝臓を癒す効果が期待できると注目されています。「もちアワ」には貧血を改善し、肌をキレイにする効果があるといわれています。「ヒエ」は体を芯からあたためて冷え性を改善し、抵抗力のある体をもたらします。「黒米」、「赤米」はお米の祖先です。抗酸化成分が豊富で、しなやかで抵抗力のある体に導きます。

基本の雑穀甘酒スイーツの作り方

麹菌は55℃前後で、デンプンをブドウ糖に変える糖化発酵が活発に進みます。
お粥と乾燥麹を混ぜて20〜24時間温度を保てば、甘酒は簡単に作れるのですが、
昔は保温方法がなかったので、釜で煮て、あたためては釜ごと布に包んで保温し、
冷めたらまたあたためてを繰り返して甘酒を作っていました。
勘に頼るたいへんな作業でした。
どこの家にもある炊飯器の保温機能が使えるのではとひらめき、
捨てようかと迷っていた保温機能だけが生きていた炊飯器にあたためた雑穀粥を入れ、
フタをしておいたら、一晩でみごとにおいしい甘酒ができたのです。
その時の感動は忘れられません。
温度計で測ってみたら、フタを開けた炊飯器はちょうど55℃を保っていました。

道具

炊飯器 　木べら 　ふきん 　小鍋 　保存容器

作り方

❶ 五穀ごはんを炊飯器に入れ、熱湯をかけ混ぜる。

❷ 乾燥麹をほぐしながら入れる。

❸ よく混ぜる。

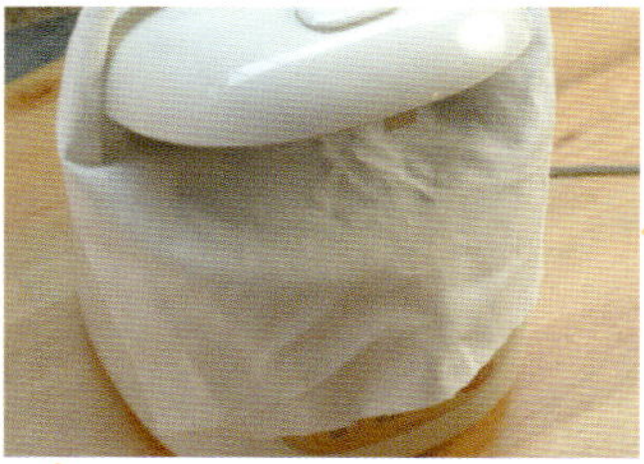

❹ ふきんをかけ、フタをせずに保温にセットする。

材料

五穀ごはん………300g
熱湯………………300cc
乾燥麹……………100g

❺ 20〜24時間で甘酒になる。好みの甘さになったらできあがり。

❻ 鍋に移してかき混ぜながら、全体が沸騰するまで熱して発酵を止める。ビンに入れて保存し、甘味料として活用する。冷蔵か冷凍で保存。

Point

○麹菌は80℃で死にます。そのままにしておくと、どんどん発酵が進んで甘くなりすぎ、その後、酸っぱくなってしまいます。
○甘味料として活用するなら24時間保温がおすすめです。
　ソフトな甘味がほしいときは、20時間保温がおいしいです。
　炊飯器によって発酵ぐあいには多少誤差がでます。
○糖度の高い甘酒は冷凍しても凍らないので、長く保存する場合は冷凍がおすすめです。

基本の雑穀甘酒クリームの作り方

ソフトなつぶつぶ感がうれしい雑穀甘酒スイーツを
フードプロセッサーに入れてスイッチ・オン！
新しいおいしさの雑穀甘酒クリームの誕生です。
雑穀甘酒クリームは、母なる地球の恵みが濃縮したコンデンスミルクです。
そのままで、自家製甘味クリームとしてフルーツにかけたり、
パンに塗ったりとおいしく活用できます。
水で割ってフードプロセッサーにかければ、話題のスムージーも
フルーツシェイクも、砂糖や生クリームを使わずあっという間に作れます。
小豆の粉やきな粉と一緒に練り合わせて本格和菓子を簡単に作ったり、
豆腐と混ぜて凍らせれば、混じりっけなしの濃厚なアイスクリームも簡単にできます。

❶ 雑穀甘酒スイーツをフードプロセッサーに入れてスイッチ・オン！

❷ 雑穀甘酒クリームのできあがり。

❸ わが家の甘味クリームとしてビンに詰めて冷蔵庫へ。

雑穀甘酒スイーツ

粒 & クリーム 4種

生成りピンクの
五穀ブレンド甘酒スイーツ

ヒエ甘酒スイーツは
コンデンスミルクのよう

カスタードのような
もちキビ甘酒スイーツ

チョコレート色の
高キビ甘酒

本書のレシピは、どの甘酒でも作れます。
それぞれに色と甘さの個性があるので
おいしさの世界がどんどん広がっていきます。
どんどんチャレンジしてみましょう！

麹の話

　麹というのは蒸した穀物をあたたかい室に入れ、表面に麹菌という日本特有の菌を培養して作られます。それを乾燥させたものが乾燥麹で、スーパーの漬け物売り場などで売られています。びっしりかぶった真っ白い綿のようなものが、麹カビの菌糸です。

　麹を、煮炊きした豆や穀物に混ぜると、温度によって糖化やアルコール発酵などが進みます。

　55℃で糖化したのが甘酒、常温で漬け込み発酵熟成させたのが味噌やしょう油、低温発酵で熟成させるのがどぶろくや日本酒です。

　麹菌は植物の仲間です。増殖・成長していく発酵の過程でタンパク質が分解されて消化のよいアミノ酸が増えるなど、さまざまな化学反応を起こし、私たちにとって有用な酵素をはじめ、多様で複雑な代謝物質を絶えず分泌して、香気成分や微量栄養素をいろいろに生み出します。

　穀物の主成分であるデンプンをブドウ糖に変える糖化によって、甘さが増すだけでなく、ビタミンも増えるということです。

●「雪の花」という国産米100％の乾燥麹がおすすめ。日本の発酵文化に欠かすことのできない伝統の麹作りを守り続けている各地の麹屋さんを応援しましょう。

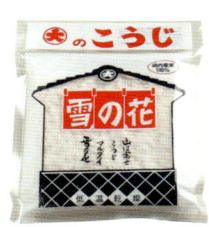

麹こぼれ話

○夏を乗り切る国民的健康飲料！
　高温多湿の日本は、とてもカビの生えやすい気候風土です。
　麹菌という良いカビを体に取り入れておくことで、悪いカビを駆逐する。これが日本伝統の知恵です。岩手県の岩泉町では昭和30年代後半頃でも、初夏になると毎日甘酒を作って家族みんなで飲み、病原菌の繁殖しやすい夏を乗り切ったそうです。
　甘酒の季語は５月で、江戸や大坂の町には初夏になると、街角街角に甘酒売りが出たそうです。

○木灰で培養するのが古代からの知恵
　微生物はアルカリに弱いのですが、麹菌はアルカリ性のカリウムをとても好むので、古来から木灰を使って良質な麹菌を純粋培養して守り伝えてきました。木灰はカリウムのかたまり。強いアルカリなので、ほかの微生物は死滅してしまい、アルカリに強い麹菌だけが残るというしくみです。伝統の知恵に脱帽！

雑穀甘酒スイーツ
活用レシピ ①

雑穀甘酒スイーツそのまま活用術
雑穀甘酒スイーツ100g ＋ 水大さじ2 ＋ 自然塩ひとつまみ

・雑穀甘酒スイーツを好みの甘さに水で割って、つぶつぶ感を楽しむ
　新食感の甘い食材として多彩に活用できます。
・生成り色の新種の粒あんとしても楽しめます。

Recipes 1

ホットつぶつぶ甘酒

おろし生姜を添えて熱々を！

材料
雑穀甘酒スイーツ……………100cc
水………………………………大さじ3〜4
自然塩…………………………ひとつまみ
おろし生姜……………………少々

作り方
❶ 雑穀甘酒スイーツを小鍋に入れる。
❷ 塩と水を加えてかき混ぜながら煮立てる。
❸ カップに入れる。
❹ おろし生姜をひとつまみ入れる。

クールつぶつぶ甘酒
ライスプディング感覚で楽しめる

材料
雑穀甘酒スイーツ…100cc
水………………大さじ2
自然塩……………ひとつまみ
ミカン……………3房

作り方
1. 雑穀甘酒スイーツをボウルに入れる。
2. 塩と水を加えて混ぜる。
3. 皮をむいたミカンをトッピングする。

Point
雑穀甘酒スイーツは甘味料の甘さに仕上げてあります。水で割って塩を入れると、ソフトなおいしいスイーツあんになります。

つぶつぶ甘酒白玉

ほんのり色づいた甘酒あんから顔を出す小さな白玉

材料（2〜3人分）
雑穀甘酒スイーツ…100cc
水………………………大さじ2
自然塩……………ひとつまみ

白玉粉……………90g
水………………………大さじ3

Point
白玉粉はさらした餅米の粉です。水で練って丸めたらすぐにゆでることと、煮立ったお湯に入れることがポイント。ゆであがったら水に取ると表面がツルンとなります。高菜漬けのみじん切りを添えて。

作り方
❶ 白玉粉をボウルに入れ、水大さじ3を少しずつ入れて練る。
❷ ❶を12個に分けてまるめ、真ん中をくぼませる。
❸ 熱湯で3分ゆで、ボウルにたっぷり張った水に取る。
❹ 器に盛りつけ、塩と水大さじ2を加えた雑穀甘酒スイーツをかける。

揚げたてお餅のつぶつぶ甘酒トッピング

揚げたての熱々お餅に冷たい雑穀甘酒をジュワッとかけて

材料（2～3人分）
- 雑穀甘酒スイーツ…100cc
- 水………………………大さじ2
- 自然塩………………ひとつまみ
- 餅（雑穀、玄米）…2個
- 揚げ油（菜種油）…適量

作り方
1. ボウルに雑穀甘酒スイーツを入れ、塩と水を加えて混ぜる。
2. 餅を小口から5mmくらいの薄切りにする。
3. 油を170℃に熱して、餅がふくらむまで揚げる。
4. 皿に盛りつけ、❶の雑穀甘酒スイーツをかける。

Point
お餅の厚さがポイント。すぐに揚がって軽くてソフトな口当たりの揚げ餅になります。熱々の香ばしいお餅にからんだ冷たい雑穀甘酒スイーツが新鮮です。食感と味は意外と洋風。ゴボウのみそ漬けのみじん切りを添えて。

つぶつぶ甘酒抹茶みつ豆

抹茶風味の塩味寒天と泡雪のような甘酒

材料（2～3人分）
雑穀甘酒スイーツ…100cc
水……………………大さじ2
自然塩………………ひとつまみ

糸寒天………………3g
水……………180cc
自然塩………ひとつまみ
抹茶…………小さじ1

作り方
① 糸寒天はたっぷりの水に一晩ひたし、ザルにあげる。
② 鍋に水180cc入れて、抹茶の粉を茶こしでふるい入れてよく混ぜる。
③ ②の鍋に水をきった糸寒天と塩を入れる。
④ 強火にかけ、沸騰したら中火で寒天が溶けるまで煮る。
⑤ 水で濡らした流し缶に流して冷ます。
⑥ 固まったらさいの目に切り分け、器に盛る。
⑦ 塩と水大さじ2を加えた雑穀甘酒スイーツをかける。

Point
糸寒天は一晩水に浸けてよく戻すこと、火にかける前に入れること、溶けるまで絶対にかき混ぜないこと、溶けたらよく混ぜてから型に流すことの4点がキレイに溶かすポイントです。65℃から固まるので冷蔵庫がなくても作れます。柴漬けのみじん切りを添えて。

つぶつぶ甘酒フレーク
好みのシリアルにトッピングして

材料（2〜3人分）
雑穀甘酒スイーツ…100cc
水………………………大さじ2
自然塩…………………ひとつまみ
無糖シリアル…………適量

作り方
❶ 器に好みの無糖シリアルを盛る。
❷ 塩と水を加えた雑穀甘酒スイーツをかける。

つぶつぶ甘酒かき氷
雑穀スイーツが体の冷えすぎを防いでくれる

材料（2人分）
雑穀甘酒スイーツ……100cc
水……………………大さじ2
自然塩…………………ひとつまみ
氷………………………適量

作り方
❶ ボウルに雑穀甘酒スイーツを入れ、塩と水を加えて混ぜる。
❷ ガラスの器に❶を大さじ2杯入れる。
❸ かき氷を盛り上げ、雑穀甘酒スイーツ大さじ2をまわしかける。

甘酒&豆乳のフレンチトースト風

ちょっぴり固くなったパンがふんわり甘くリッチなトーストに

材料
- 雑穀甘酒スイーツ……100cc
- 豆乳……………………100cc
- 自然塩…………………ひとつまみ
- 天然酵母パン…………4枚
- （1cmくらいの厚さの食パンサイズ）
- 菜種油…………………大さじ4

作り方
1. バットに雑穀甘酒スイーツと豆乳と塩を入れて混ぜ、甘酒豆乳ソースを作る。
2. 2つに切ったパンを❶にひたす。
3. フライパンを熱して、パン1枚につき油大さじ1を入れる。
4. 中火のフライパンで両面をこんがり色づくまで焼く。

甘酒豆乳ソース > フレンチトーストに使った甘酒豆乳ソースは、白くて甘いソースとしてケーキのトッピングなどにも活用できます！

Hint!

甘さを引き出す決め手は自然塩

　自然塩には甘さを高める働きがあります。砂糖などの甘味料だけでスイーツを甘くすると、砂糖が多量に必要になるうえ、砂糖の味が勝ってしまって素材の味を弱めてしまいがちです。

　ところが、穀物や豆に自然塩をひとふりすると、素材の中の甘みが引き出され、少量の甘味を組み合わせるだけで充分甘くなります。塩のしょっぱさは、微量の場合、甘みを引き立たせる方に働くのです。舌にも体にも心地よいハーモニーを感じられる甘さです。

　ミネラルバランスを整えて甘さを増す。自然塩って、頼もしいでしょ！

○塩選びのポイントは「海の塩」

　近ごろの塩ブームなどもてつだって、身近なお店でも日本各地や世界中のさまざまな塩が見かけられるようになってきました。素材や調理方法に合わせていろいろ使い分けている人もいるようですが、土壌ミネラルの少ない島国に住む日本人の体には、やはり伝統の製塩法で、海水から作られたミネラル群の結晶ともいえる「海の塩」が必要です。

　岩塩の採れる大陸の土壌には、溶け出たミネラルがたっぷり含まれているので、純度の高い岩塩でもいいのですが、日本人の体を守るのは、なんといっても海の塩。輸入の岩塩や天日塩ではなく、国産の海の塩をおすすめします。

「海の精」：伊豆大島の海水から作られているミネラルに富んだ塩

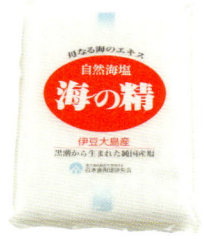

雑穀甘酒スイーツ
活用レシピ 2

雑穀甘酒クリーム活用術
雑穀甘酒クリーム ＋ 水 ＋ 自然塩 ＋ α

スムージー、ドリンク、パフェ……
雑穀甘酒クリームがあれば、スムージーもシェイクも
砂糖や生クリームを使わず自由自在に作れます。
水で割るだけ、混ぜるだけの簡単さなんです！

Recipes 2

つぶつぶ甘酒スムージー 小豆

小豆をトッピングして生成り色のスムージー

材料
雑穀甘酒クリーム………80g
水………………………80cc
自然塩…………………ひとつまみ
ゆで小豆………………5粒（P52参照）

作り方
❶ 雑穀甘酒クリームと水と塩を混ぜる。
❷ ガラスの器に入れて、ゆで小豆をトッピングする。

つぶつぶ甘酒スムージー 抹茶

ほろ苦甘味がうれしいモスグリーンのスムージー

材料
雑穀甘酒クリーム………80g
水………………………80cc
自然塩…………………ひとつまみ
抹茶……………………小さじ1/4

作り方
❶ 雑穀甘酒クリームと水と塩と抹茶を混ぜる。
❷ ガラスの器に入れる。

Point
茶こしで抹茶をふるい入れると、均一に混ざります。なめらかなクリームを作っておけば、混ぜるだけでスムージーになりますが、フードプロセッサーにかけるとふんわりした仕上がりで、よりスムージー風になります。

つぶつぶ甘酒スムージー 黒ごま

ごまの風味がうれしい
シャープなスムージー

材料
雑穀甘酒クリーム……80g
水………………………80cc
自然塩…………………ひとつまみ
黒ごまペースト………小さじ1
煎り黒ごま……………ひとつまみ

作り方
❶ 雑穀甘酒クリームと水と塩と黒ごまペーストをよく混ぜる。
❷ ガラスの器に盛って、煎り黒ごまをトッピングする。

つぶつぶ甘酒スムージー フルーツ

フルーツのミニキューブをトッピング、
食感も甘さもハモってる

材料
雑穀甘酒クリーム……80g
水………………………80cc
自然塩…………………ひとつまみ
フルーツ(マンゴー、洋なしなど)……30g

作り方
❶ 雑穀甘酒クリームと水と塩を混ぜる。
❷ ガラスの器に盛り、細かく切ったフルーツをトッピングする。

つぶつぶ甘酒ドリンク 水割り&豆乳割り

甘酒に含まれる酵素が、
豆乳のタンパク質を分解して吸収力アップ！

材料
雑穀甘酒クリーム………80g
水(豆乳)……………120cc
自然塩………………小さじ1/8

作り方
❶ 材料全部を、フードプロセッサーなどに入れてシェイクする。
❷ グラスにそそいで、氷を浮かせる。

Hint!

> **コーンフレークに甘酒ドリンク**
>
> 「牛乳をやめちゃったら、どうやってコーンフレーク食べたらいいの？」
> 「パンにミルクを浸して食べるの好きだったんだけれど」
> 「代わりになるものないかなあ？」
> そんなことを、乳製品や砂糖をやめた人からよく聞かれたものです。
> 甘酒ドリンクは、砂糖入りの牛乳より
> よっぽど癖がなくておいしいです。
> ぜひコーンフレークにかけてみてください。幸せな味です！

甘酒フルーツシェイク マンゴー&バナナ

甘酒はフルーツの酸味をまろやかにし、
とろける食感を作る

材料
雑穀甘酒クリーム………60g
水……………………80cc
自然塩………………ひとつまみ
マンゴー（バナナ）………50g
レモンの絞り汁…………小さじ1/2

作り方
❶ マンゴー（バナナ）は皮をむき、一口大に切る。
❷ ❶にレモン汁をかけておく。
❸ 材料全部をフードプロセッサーに入れてシェイクする。
❹ グラスにそそいで氷を浮かせる。

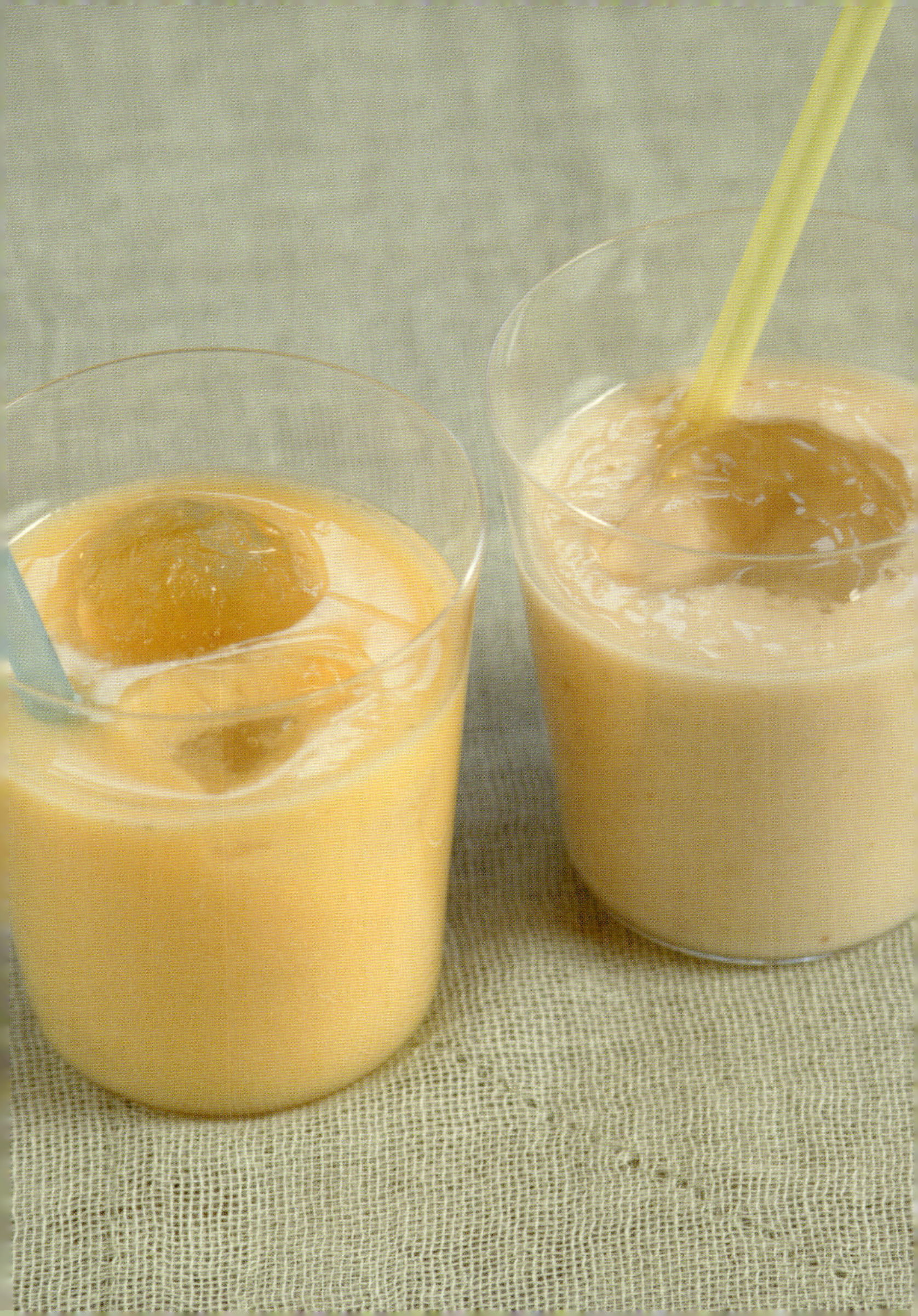

甘酒フルーツパフェ

甘酒とフルーツは相性抜群！
甘酒がフルーツの酸味をやわらげ、
フルーツが甘酒の甘さをきりっとシャープにしてくれる

Point
フルーツには、レモン汁をかけておく。

材料
雑穀甘酒クリーム…80g
バナナ……………1本
マンゴー…………100g
レモンの絞り汁……小さじ1/2

作り方
① バナナとマンゴーは、好みに切ってレモン汁をかける。
② グラスに雑穀甘酒クリームと①のフルーツを交互に盛る。

Hint!

甘酒フルーツクリーム
雑穀甘酒クリームに同量の細かくきざんだフルーツを混ぜるとぐぐっとおいしいスイートソースができます。
クレープやパンケーキのソースにぴったりです。
甘酒の中では果物の鮮度が保たれるうえに、冷蔵庫で日持ちするので、残った果物の保存法としても便利です。

雑穀甘酒スイーツ
活用レシピ ③

雑穀甘酒クリーム活用術
小麦粉 ＋ 雑穀甘酒スイーツ ＋ 自然塩 ＋ 水（油）

小麦粉生地に雑穀甘酒スイーツを加えると、イーストで発酵させたり、
ベーキングパウダーを使ったり、卵でふくらませたりしなくても、
ふんわりおいしいパンケーキやドーナツが作れます。
雑穀甘酒で小麦粉を溶くとダマになる心配がありません。
材料を全部入れて、混ぜるだけでいいので簡単！
分量や焼き方の変化で、いろいろなバリエーションが楽しめます。

Recipes 3

つぶつぶ甘酒クレープ

香ばしくてむっちりやわらかな甘いクレープ

材料（5枚）
雑穀甘酒スイーツ………大さじ3
小麦粉………………………80g
自然塩………………………小さじ1/3
豆乳…………………………180cc
水……………………………大さじ3
菜種油………………………適量

作り方
❶ 小麦粉と塩をあわせて、フルイにかける。
❷ 雑穀甘酒スイーツと豆乳と水で❶の粉を溶く。
❸ フライパンに油をうすく引いて熱し、お玉1杯弱の生地を均一な平らになるように入れる。
❹ 全体の色が変わり、クレープの端が持ち上がってきたら裏返して焼く。

＊お好みで、甘酒豆乳ソース(P27)をかけて召し上がれ。

Point
お好み焼きの生地のような感じにゆるく溶くのがポイントですが、
水を入れすぎると、焼いても固まらない状態になってしまうので、
注意が必要です。

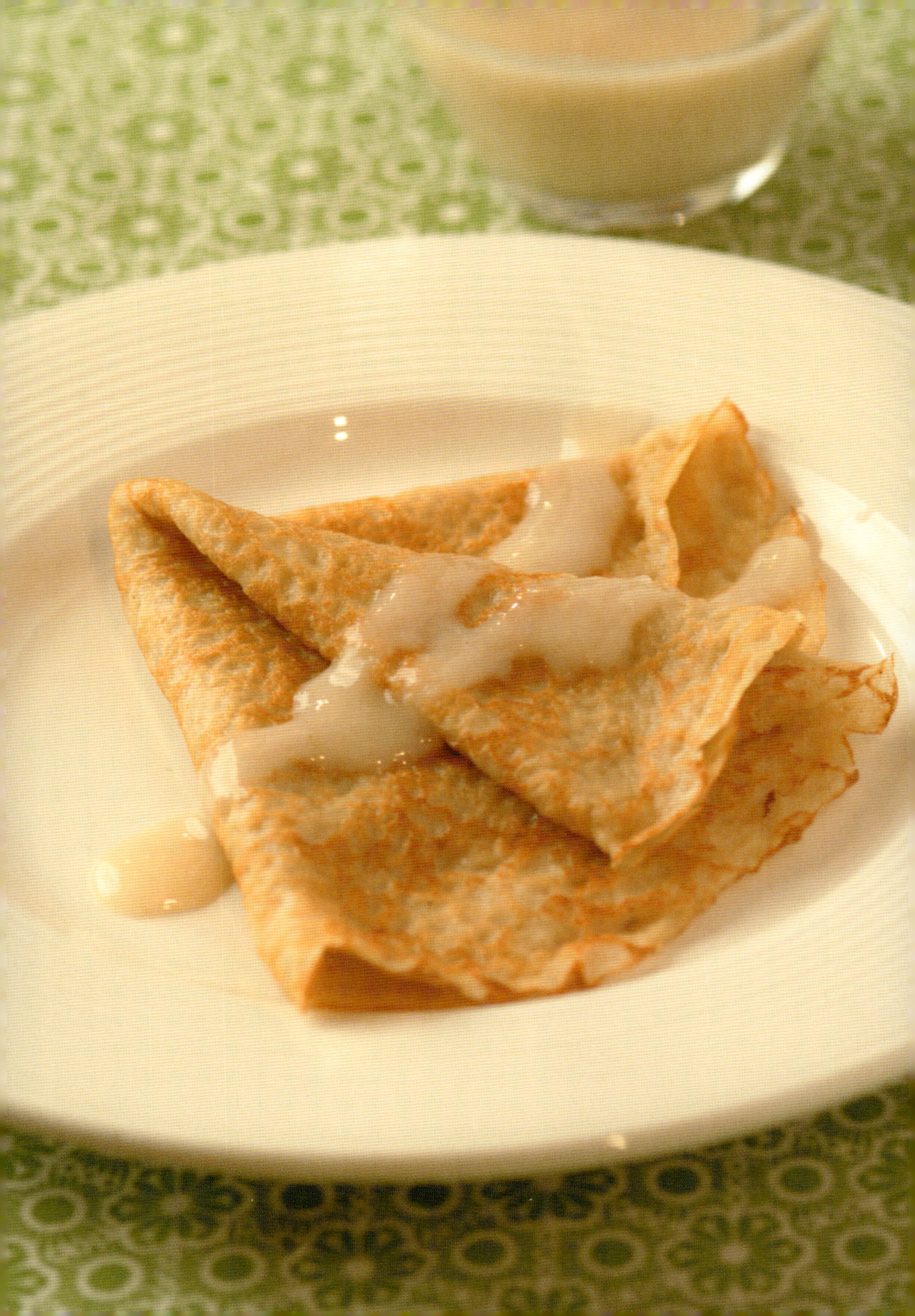

つぶつぶ甘酒パンケーキ

蜂蜜なしで蜜感覚を楽しめるあま〜いパンケーキ

材料（12cmのパンケーキ：3枚分）
雑穀甘酒スイーツ……150g
小麦粉………………50g
水……………………50cc
自然塩………………小さじ1/4
菜種油………………大さじ2

作り方
❶ 小麦粉と塩をあわせて、フルイにかける。
❷ 雑穀甘酒スイーツと水を加えてさっくり混ぜる。
❸ フライパンに油を熱して、生地の1/3量を円形に乗せる。
❹ 色が変わってきたら、裏返して焼く。

Point
小麦粉は塩といっしょにフルイでふるっておきましょう。
生地は練り混ぜずにパパッと仕上げるのがコツです。

つぶつぶ甘酒ドーナッツ
パンケーキの生地を油に落として揚げるだけ

材料（10個くらい）
雑穀甘酒スイーツ…150g
小麦粉……………50g
水…………………50cc
自然塩……………小さじ1/4
揚げ油（菜種油）……適量

作り方
1. 小麦粉と塩をあわせて、フルイにかける。
2. 雑穀甘酒スイーツと水を加えてさっくり混ぜる。
3. 揚げ鍋に菜種油を熱して、160～170℃にする。
4. ②の種を大さじ1/2取り、もうひとつのスプーンで油の中に落とす。
5. ふくらんでキツネ色になるまでゆっくり揚げる。

Point
焦げやすいので、中温の油で揚げます。ぷっくりふくらんで表面がカリッとしたらできあがり。

つぶつぶ甘酒ビスケット

サクッと甘い、小麦粉のおいしさが生きてるリッチビスケット

材料
雑穀甘酒スイーツ………大さじ2
小麦粉………………1カップ（100g）
自然塩………………小さじ1/4
菜種油………………大さじ3

作り方
❶ 小麦粉と塩をあわせて、フルイにかける。
❷ ❶に菜種油と雑穀甘酒スイーツを入れて、練らないようにまとめる。
❸ まな板の上に出して、円筒形にして切り分ける。
❹ 160℃のオーブンで20分焼く。
❺ 網の上に出して、冷ます。
＊甘酒の糖分が入ると焦げやすいので、低温で焼きます。

Point
円筒形にまとめて筒状にしたところで冷凍できます。冷凍庫から出して5分たってから切ると、簡単に、きれいな形に切れます。

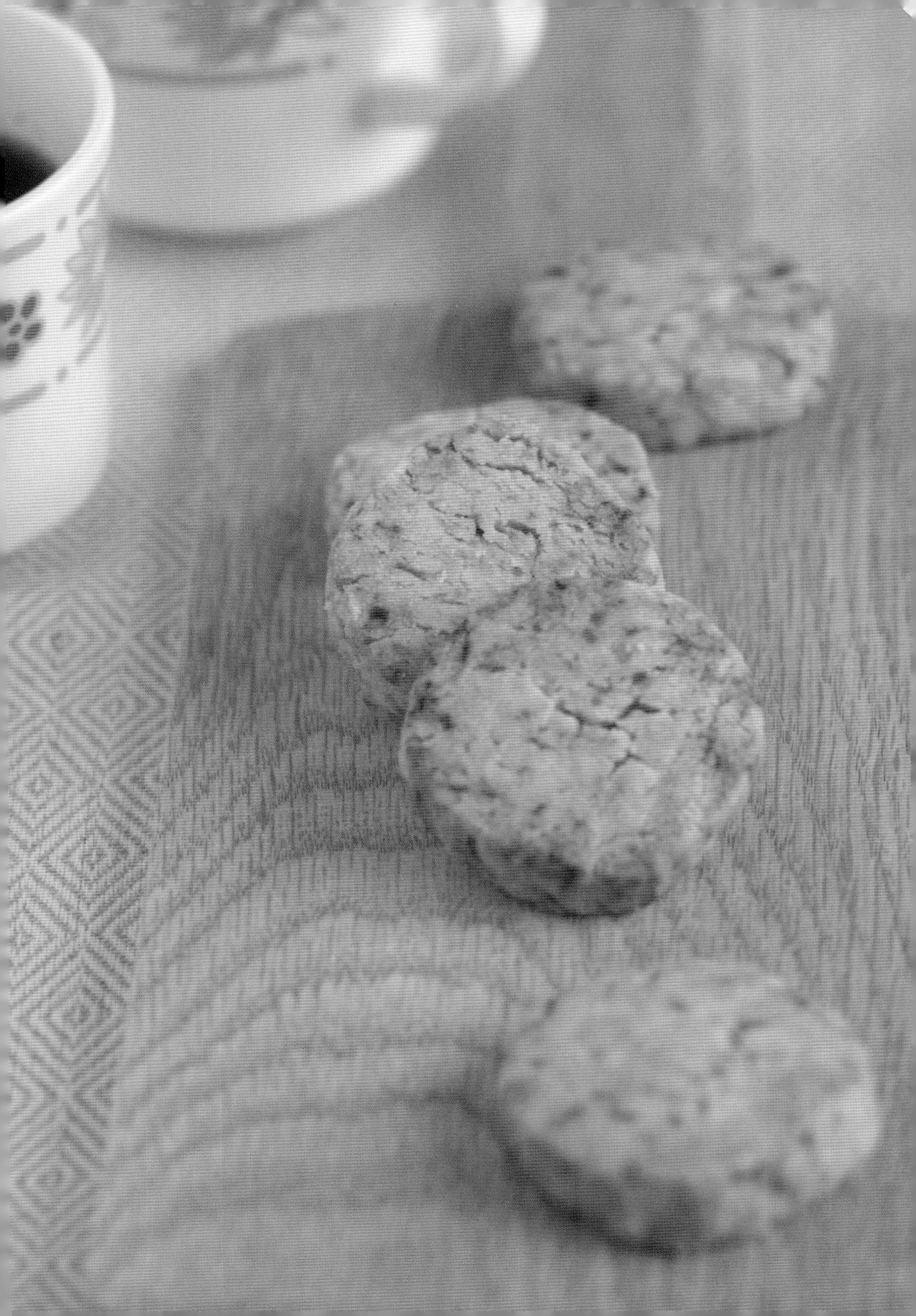

スイーツと食べたい漬け物

●自然塩で漬け込んだ「阿蘇高菜漬け」

阿蘇の麓で、栽培から生産まで一貫して作られている無添加の高菜漬けです。自然塩とウコンと醤油だけで作られています。

●自然塩としょう油で仕込んだ着色料を使わない「海の精 しば漬け」

しば漬けというとピンク色の漬け物を思い出す人が多いと思いますが、大島の海で本物の塩を作り続けている「海の精 株式会社」のしば漬けは、赤くなくてとってもおいしいのです。

●ゆでて麦味噌に漬け込んだ自家製「ゴボウのみそ漬け」

放っておくとすぐにしなびてしまうゴボウを、5分間ゆでて味噌の中に漬けておくと、コリコリおいしい本格漬け物がいつでも楽しめます。味噌もゴボウのうまみが溶けておいしくなって一石二鳥です。

私が小さい頃、お茶と一緒に食べたのはケーキでもおまんじゅうでもなく漬け物でした。しょっぱい漬け物でお茶を飲む。体を冷やすお茶とあたためる漬け物、ミネラルのバランスがとれたティータイムです。

そういえば、おぜんざいやみつ豆には、かならずしば漬けのみじん切りがついていました。

漬け物のみじん切りと一緒に食べると、雑穀甘酒スイーツの味わいがとても引き立ちます。栄養バランスも数段アップし、冷え性を防止します。

なによりおいしいので、とてもオススメです！

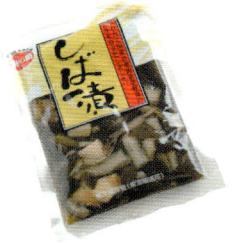

雑穀甘酒スイーツ
活用レシピ ④

甘酒和菓子はいかが!

煎った豆の粉 ＋ 雑穀甘酒クリーム ＋ 自然塩
火にかけて練り混ぜるだけでできる新感覚の和菓子ベースほろほろあん

米の粉 ＋ 白玉粉 ＋ 雑穀甘酒スイーツ ＋ 自然塩 ＋ 水
5分ゆでてやわらかお団子、
20分蒸して、固くなりにくいのにみんなびっくりのもちもち大福の皮

砂糖なしでは不可能と思われていた甘いあんこや和菓子も
雑穀甘酒クリームがあれば簡単に作れます。
そのうえ、上品な深い甘さは老舗の京和菓子でしか出せなかったと思えるような
最上の仕上がりになるのがうれしい。

Recipes 4

つぶつぶ甘酒と豆粉のほろほろあん菓子

小豆粉で赤紫、きな粉で黄土色の
ほろほろあんができました！

材料1（茶巾絞り10個分）
雑穀甘酒クリーム…100g
小豆粉……………50g
自然塩……………小さじ1/4
水…………………1/2カップ

材料2（ねじりんぼう10個分）
雑穀甘酒クリーム…100g
きな粉……………50g
自然塩……………小さじ1/4
水…………………1/2カップ

Point
最初によく混ぜてから火にかけること。強い火で一気に練り上げ、さらに3分気長に練るのがおいしいあん作りのコツです。

作り方
❶ 小鍋に材料1、材料2、それぞれに全部の材料を入れ、よく混ぜる。
❷ 木べらでかき混ぜながら中強火にかける。
❸ 3〜4分たってあんがひとかたまりになり、木べらにくっついてきたら、火を止める。
❹ 10個に分けて、形作る。

つぶつぶ甘酒と豆粉のしぐれようかん

混ぜて練ってまとめるだけの、
ほろほろとした食感がうれしい羊羹

材料
ほろほろあん……60g（P48の材料1および作り方参照）
レーズン…………5g
クルミ……………5g

作り方
① レーズンは細かく切る。
② クルミは煎って、細かく切る。
③ 全部の材料を入れて練り、羊羹に形作る。
④ 皿に盛って切り分ける。

Point
クルミとレーズンをほろほろあんに混ぜます。よく混ぜてから包丁で各面を平らに押しながら形作ると、きれいにできます。

ほんのり甘いやわらか串団子

丸めて、ゆでて、5分で作れるかわいい串団子は甘酒入り！
しば漬けのみじん切りを添えて

材料1（団子の生地）
雑穀甘酒クリーム……大さじ山2
米粉………………………50g
白玉粉……………………25g
自然塩……………………ひとつまみ
水…………………………大さじ3

材料2（トッピング）
小豆のほろほろあん…60g
（P48の材料1および作り方参照、材料は1/4量）
きな粉……………………大さじ2
（塩ひとつまみ入れておく）

竹串………………………5本

作り方
1. 材料1全部をボウルに入れ、よくこねる。
2. 15個に分けて団子を作る。
3. 熱湯に入れて浮いてきてから、5分ゆでて水に取る。
4. 串に刺して、3本は小豆のほろほろあん、2本は塩味のきな粉を適量のせる。

Point
ゆであがったお団子は、一度水に取ると表面が固まって、ツルンとして崩れません。

甘酒雪見大福

皮にもあんにも甘酒が入った上品な大福は、
ミルク風味で舌にとろける

材料1（皮の生地、5個分）
（以下、P50の材料1と同様）
雑穀甘酒クリーム……大さじ山2
米粉………………………50g
白玉粉……………………25g
自然塩……………………ひとつまみ
水…………………………大さじ3

材料2
小豆のほろほろあん…100g
（P48の材料1および作り方参照、材料は約2/5量）

もち粉……………………大さじ1

作り方
① 材料1全部をボウルに入れ、よくこねる。
② いくつかの長いかたまりに分けて、ぬれぶきんを敷いた蒸し器に入れる。
③ 20分蒸してふきんごと取り出し、粗熱がとれたらよく練る。
④ 生地を5等分して、丸くのばす。
⑤ 5つに分けて丸めた小豆のほろほろあんを包み、もち粉をまぶす。

＊蒸し上がったときはドロドロですが、粗熱がとれるとかたまってきます。ふきんに包んだまま練ります。

Point
ふきんは無蛍光さらしを使います。濡らしてから使わないと、生地がくっついて取れなくなります。よく火が通るように、生地ははなしておきます。

ゆで小豆の作り方

作り方

❶ 小豆を洗う。

❷ 圧力鍋に4倍の水と小豆を入れる。

❸ 圧がかかるとおもりがシュンシュン動き出す。

❹ 火からおろし、圧力鍋に水をかけて圧を抜く。

❺ フタを開けて塩を入れる。

❻ 少し煮て、できあがり。

小豆を月に2〜3回食べることで、つぎのような効果が期待できます。
ただし、砂糖を入れてしまっては効果を期待できないだけでなく
不調の原因にまでなってしまいます。食べ過ぎも血液をうすくするので注意が必要です。

1. イライラやだるさを解消する
2. 心臓と腎臓を強化し、むくみを取る
3. 母乳の出をよくする（小豆粥）
4. ストレス型便秘を解消（小豆粥）
5. 急性の中毒に小豆の煮汁（吐剤効果・小豆の煮汁で食器洗い）
6. コンビニ病といわれ、ひそかに若者の間に進行している脚気を治す
7. 血液をきれいにし、皮膚を美しく保つ

古代には小豆は薬として利用されていました。昔の人は、産後、おっぱいの出をよくするために小豆入りの雑穀粥を食べる習慣がありましたが、お産のときにできた血栓が体内をめぐって、心臓や脳でつまらないように溶かし、疲れた腎臓の働きを回復する効果もあったことになります。

小豆の色には抗酸化作用があるといわれ、発ガンを抑制することが報告されています。また、鉄分が多く含まれているので造血作用も期待できます。食物繊維が豊富で、ビタミンとミネラルに富み、せきを鎮めたり痰をとる作用のほか、二日酔いや便秘にも効くといわれます。

小豆に含まれるサポニンは腎臓の目詰まりを溶かしてきれいにし、血栓（血のかたまり）を溶かしてくれます。折々に、小豆を食べる習慣が自然に日本人の体を元気にしていたのですね。小豆と甘酒を合わせたほろほろあんは、体を浄化し癒す最強コンビのスイーツです。

あると便利！健康度も上がる小豆製品

金時あん

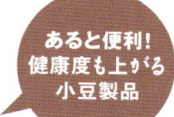

有機ゆで小豆無糖

雑穀甘酒スイーツ
活用レシピ ⑤

甘酒豆腐アイスクリーム
雑穀甘酒クリーム ＋ 豆腐 ＋ 自然塩 ＋ ごまペースト

全部の材料をフードプロセッサーに入れて、スイッチをポン！
バットに流して冷凍庫に入れるだけ。
砂糖も生クリームも使わない濃厚無添加アイスクリームの誕生です！
ごまペーストがポイントです。

Recipes 5

つぶつぶ甘酒アイスクリーム プレーン白＆黒

材料
雑穀甘酒スイーツ………120g
豆腐…………………………150g
自然塩………………………小さじ1/12
ごまペースト……………大さじ山1（プレーン白は白ごまペースト、プレーン黒は黒ごまペーストを）

作り方
❶ 全部の材料をフードプロセッサーに入れて、粒がなくなるまでペーストにする。
❷ バットにうすく流す。
❸ 冷凍庫で凍らせる。
❹ スプーンなどですくって、器に盛る。

❶
❷（プレーン白の場合）
❸（プレーン黒の場合）

Hint!

甘酒フルーツシャーベット ＞ 雑穀甘酒スイーツに、同量の細かくきざんだフルーツを混ぜ込んで製氷器で凍らせれば、手軽にフルーツシャーベットが作れます。

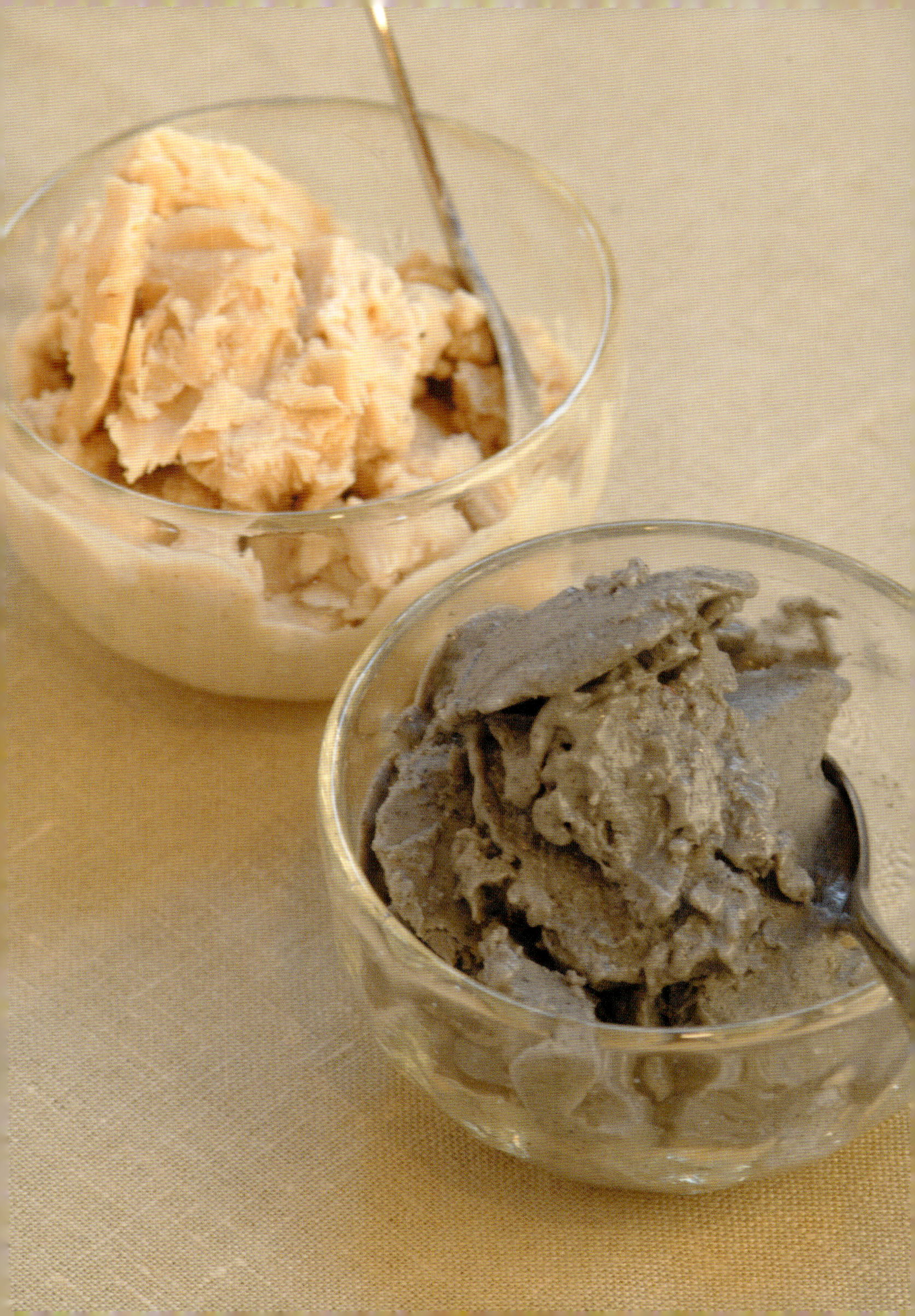

つぶつぶ甘酒アイスクリーム

抹茶

材料
雑穀甘酒スイーツ……120g
豆腐………………………150g
自然塩……………………小さじ1/12
白ごまペースト………大さじ山1
抹茶………………………小さじ1+1/2

作り方
① 全部の材料を、フードプロセッサーに入れてペーストにする。
② バットにうすく流す。
③ 冷凍庫で凍らせる。

Point
スクープですくうときれいに取れます。すくった形で冷凍しておくと、出して3分で食べ頃になります。包丁で切り分けるのも簡単。

ナッツ

材料
雑穀甘酒スイーツ……120g
豆腐………………………150g
自然塩……………………小さじ1/12
白ごまペースト………大さじ山1
クルミ……………………30g

作り方
① クルミ以外の材料を、フードプロセッサーに入れてペーストにする。
② バットにうすく流す。
③ クルミを煎って細かくきざみ、②のバットに入れて軽く混ぜる。
④ 冷凍庫で凍らせる。

Point
ナッツは食感が残った方がいいので、あとで混ぜます。

レーズン

材料
雑穀甘酒スイーツ……120g
豆腐………………………150g
自然塩……………………小さじ1/12
白ごまペースト………大さじ山1
レーズン…………………30g

作り方
① レーズン以外の材料を、フードプロセッサーに入れてペーストにする。
② バットにうすく流す。
③ レーズンは熱湯でもどして細かくきざみ、②のバットに入れて軽く混ぜる。
④ 冷凍庫で凍らせる。

Point
レーズンは凍ると固くなるので、熱湯でもどしてやわらかくしてからやや細かめにきざみます。

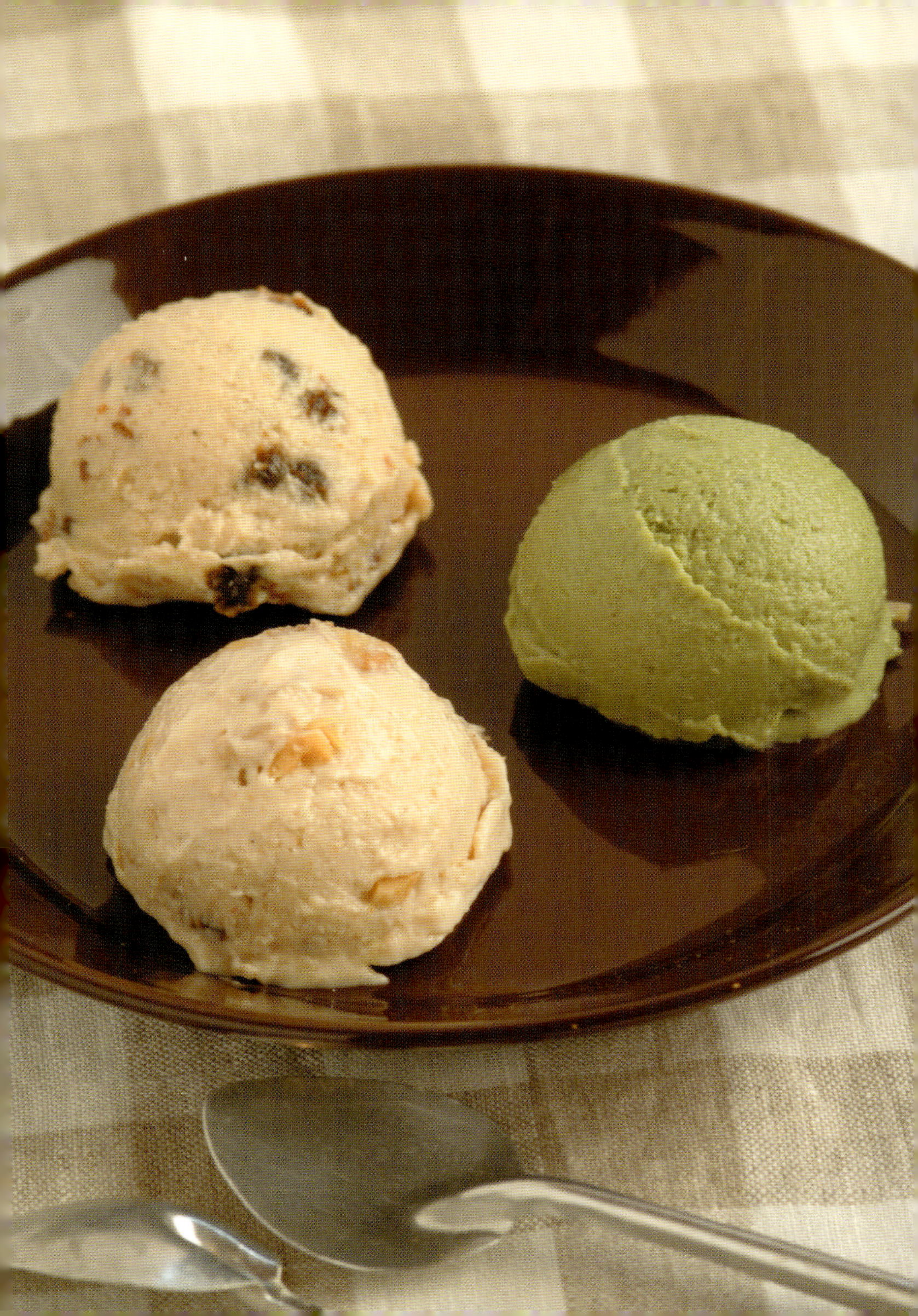

体にやさしいお茶と雑穀甘酒スイーツで、心ふんわりのくつろぎタイム

体を冷やしすぎないカフェインフリーのお茶を紹介します。
農薬などを使わず自然の方法で育てられ、
添加物の入らない天然成分の豊富なお茶を選びましょう。

一番のおすすめ "ほうじ番茶"

私の毎日のお茶は、体にやさしいほうじ番茶。
初夏に新芽を摘まずに、
秋に成熟したお茶の葉を枝ごと収穫して、
太い枝、細い枝、葉に分けて、
それぞれ薪の火で焙じた伝統のお茶です。
枯れ葉色の茶色い茶葉をガサゴソとポットに入れて、
熱湯を注いで蒸らすこと1分!
香ばしくてマイルドなお茶にホッと一息。
カフェインフリーで体を冷やさないのがうれしい。
疲れたときは、しょう油を一滴たらしたり、
ひとつまみの自然塩を入れて飲むと、すーっと元気がでます。

穀物茶いろいろ
穀物を煎ったお茶は、体をあたためるアルカリ性の飲み物です。夏においしい麦茶も穀物茶の仲間です。写真は、玄米の黒煎り茶。

玄米コーヒー
玄米をコーヒーのように黒くなるまで焙煎した、まったりおいしいお茶。腸内の毒素を吸着し、滞っている便と一緒に排出してくれる働きがある。砂糖を入れずに飲みましょうね。

ソバ茶
ソバの実を焙じたお茶。香ばしくて、ほんのり甘いです。血管を強化し、肝臓を丈夫にする効果が期待できる。

ハトムギ茶
ハトムギを焙じたお茶で、肌荒れやシミを改善します。免疫力を高め、抗ガン作用も期待されている。

タンポポコーヒー
ゴボウのようなタンポポの根を細かく切って干し、焙煎した飲み物。体をあたためる。苦みと甘みの調和した強い味が特徴。

ローズヒップティー
赤いきれいなお茶。ローズヒップは野バラの実で、レモンの数十倍のビタミンC。

ハーブティー
花や葉を乾燥して、植物の薬効成分を活かしたお茶。リラックス効果が期待できます。

無農薬栽培の抹茶
抹茶はカフェインは多めですが、ビタミンA、C、E、そのほかのビタミンも豊富で、亜鉛、マグネシウム、鉄などのミネラルにも富んでいます。

本格雑穀甘酒スイーツ
上級編

雑穀粥 ＋ 水 ＋ 乾燥麹 ＋ 55℃で保温15時間
それぞれ個性的な味わいと色とテクスチャーをもつ
雑穀の個性を生かして作る、
本格雑穀甘酒にチャレンジしてみましょう。
さまざまな効果も期待できます。

○ ヒエ甘酒＝コンデンスミルク風　：冷え性が治る
○ アワ甘酒＝カスタードクリーム風　：肌がキレイになる・貧血を改善する
○ キビ甘酒＝カスタードクリーム風　：コレステロールを下げる・肝臓を癒す
○ 高キビ甘酒＝チョコクリーム風　：抵抗力が増す

BASIC 基本 の本格雑穀甘酒(つぶつぶ)

ヒエ、キビ、アワ甘酒の作り方

●材料
雑穀………1カップ
自然塩……小さじ1/4
水…………3＋1カップ
乾燥麹……1枚(200g)

ヒエ　キビ

＊写真はヒエですが、ヒエ、キビ、アワ甘酒は、まったく同じ方法で作れます。
＊麹の量が多いと早く甘くなります。たりないときは、時間をかけると甘くなります。

●基本の炊き方(ヒエ、キビ、アワはまったく同じ炊き方で炊けます)

❶ 雑穀を洗って水を切る。

❷ 鍋に3カップの水を入れて沸騰させ、雑穀と塩を入れてかき混ぜながら強火で煮立てる。

❸ 鍋底が見えるようになったら火を弱める。

❹ フタをしてとろ火で15分炊き、火からおろして10分蒸らす。

❺ 炊きあがり(料理に使う場合は、大きくかえしてサックリほぐしておく)。

●基本のヒエ、キビ、アワ甘酒の作り方

❶ 炊きたての雑穀に水1カップを入れる
（冷めてから作る場合は、熱湯を入れる）。

❷ 切るように混ぜる。

❸ 炊飯器に移して、
乾燥麹をほぐしながら入れる。

❹ よく混ぜる。
「乾いてパラパラで大丈夫かな？」と
感じますが、安心してください。

❺ ふきんをかけて、フタをしないで
保温にして12～15時間おく。

❻ できあがり。表面が黄色くなって
乾いた感じですが大丈夫。

❼ 混ぜるときれいな色の雑穀甘酒スイーツのできあがり
（保存するときは、全体が100℃になるまで熱し、
冷めたら冷蔵庫で保存します）。

高キビ甘酒の作り方

基本的には、ヒエ、キビ、アワ甘酒と同じ手順で作れる高キビ甘酒。異なるポイントは、水の量です。

●材料
高キビ……1カップ
自然塩……小さじ1/4
水…………4+2カップ
乾燥麹……1枚(200g)

高キビ

●作り方

❶ 高キビを洗って、お湯を入れてフタをし、30分蒸らす。

❷ 蒸したときのお湯をきり、鍋に高キビと水4カップと塩を入れて、沸騰したら中火で10分、つぎに弱火で10分炊く。

❸ 炊きあがり、大きくかえしてサックリほぐす。

❹ 加える水を2カップにして、前ページのヒエ甘酒と同じ手順で作る。

ヒエ甘酒クリームのイチゴミルク

コンデンスミルクの代わりにヒエ甘酒クリームのイチゴミルク

材料（2人分）
ヒエ甘酒クリーム………大さじ4
イチゴ……………………10個

作り方
器にイチゴを盛って、ヒエ甘酒クリームをかける。

ヒエ甘酒豆腐

琥珀色のキビ飴蜜に浮かぶ寒天ゼリー

材料(3〜4人分)
ヒエ甘酒クリーム…100g
糸寒天……………3g
水…………………200cc
自然塩……………小さじ1/4

キビ飴……………大さじ1(25g)
お湯………………大さじ3
クコの実…………12粒

作り方
1. 糸寒天はたっぷりの水に一晩ひたし、ザルにあげる。
2. 鍋に水を200cc入れて、水を切った糸寒天と塩を入れる。
3. 強火にかけ沸騰したら、中火で寒天が溶けるまで煮る。
4. ヒエ甘酒クリームを混ぜ、水で濡らした器に流して冷ます。
5. 固まったら切り目を入れ、お湯でうすめたキビ飴の蜜をかける。
6. お湯に浸けてすぐザルにあげておいたクコの実をトッピングする。

Point
キビ飴は、もちキビを麦芽で糖化させて作られた自然の飴です。キビ飴をお湯で3倍にうすめると、琥珀色のさらさらの蜜になります。冷まして使います。

ヒエ甘酒フルーツ羹

目にも舌にもごちそうのホワイトフルーツゼリー

材料（3～4人分）
ヒエ甘酒クリーム……………………100g
糸寒天…………………………………3g
水………………………………………150cc
自然塩…………………………………小さじ1/4
フルーツ（キウイ、オレンジなど）……100g

作り方
① 糸寒天はたっぷりの水に一晩ひたし、ザルにあげる。
② 鍋に水を150cc入れて、水を切った糸寒天と塩を入れる。
③ 強火にかけ沸騰したら、中火で寒天が溶けるまで煮る。
④ ヒエ甘酒クリームを混ぜ、細かく切ったフルーツも混ぜて型に流して冷ます。

Point
型を水にくぐらせて濡らしておくと、表面張力できれいなゼリーができます。

ヒエ甘酒小豆アイス

ジュースを凍らせたアイスキャンデーとはひと味違う

材料
ヒエ甘酒クリーム……100g
塩ゆで小豆……………60g（P52参照）
豆乳………………………100cc
自然塩……………………ひとつまみ

作り方
全部の材料をよく混ぜて、
アイスキャンデーの型に入れて冷凍する。

Point
シンプルな材料なのに、コクのある満足度の高い無添加アイスキャンデーが作れるのが不思議です。

ヒエ甘酒のミルキーゼリー
歯ごたえのあるキャンデー感覚のゼリー

Point
寒天がきれいに溶けてから、甘酒と米飴を入れて沸騰させて煮詰めます。型はチョコレートの型が合います。つぶつぶの入った白の濃淡がきれいなので、粒甘酒で作りました。クリーム甘酒でも、もちろんきれいにできます。

材料
ヒエ甘酒クリーム…大さじ2および50g
糸寒天……………5g
水…………………100cc
自然塩……………ひとつまみ
米飴………………大さじ2（50g）

作り方
❶ 糸寒天はたっぷりの水に一晩ひたし、ザルにあげる。
❷ 鍋に水100ccとヒエ甘酒クリーム大さじ2を入れて混ぜる。
❸ 水を切った糸寒天と塩を入れる。
❹ 強火にかけ沸騰したら、中火で寒天が溶けるまで煮る。
❺ ヒエ甘酒クリーム50gと米飴を混ぜて、沸騰直前まで煮て火からおろす。
❻ 水で濡らした器に流して冷ます。

バナナの高キビ甘酒チョコ風クリームトッピング

色だけでなく、不思議に味もチョコ風

材料
高キビ甘酒クリーム……適量
バナナ………………………適量
レモン汁…………………少々

作り方
❶ バナナは食べやすく切り、レモン汁をかけておく。
❷ ガラスの器に盛って、高キビ甘酒クリームをトッピングする。

マンゴー with キビ甘酒カスタード

マンゴーの強烈さがまるくなって、いくらでも食べられる

材料
もちキビ甘酒クリーム……適量
マンゴー……………………適量
レモン汁…………………少々

作り方
❶ マンゴーは皮をむいて一口大に切り、レモン汁をかけておく。
❷ ガラスの器に、マンゴーともちキビ甘酒クリームを盛り合わせる。

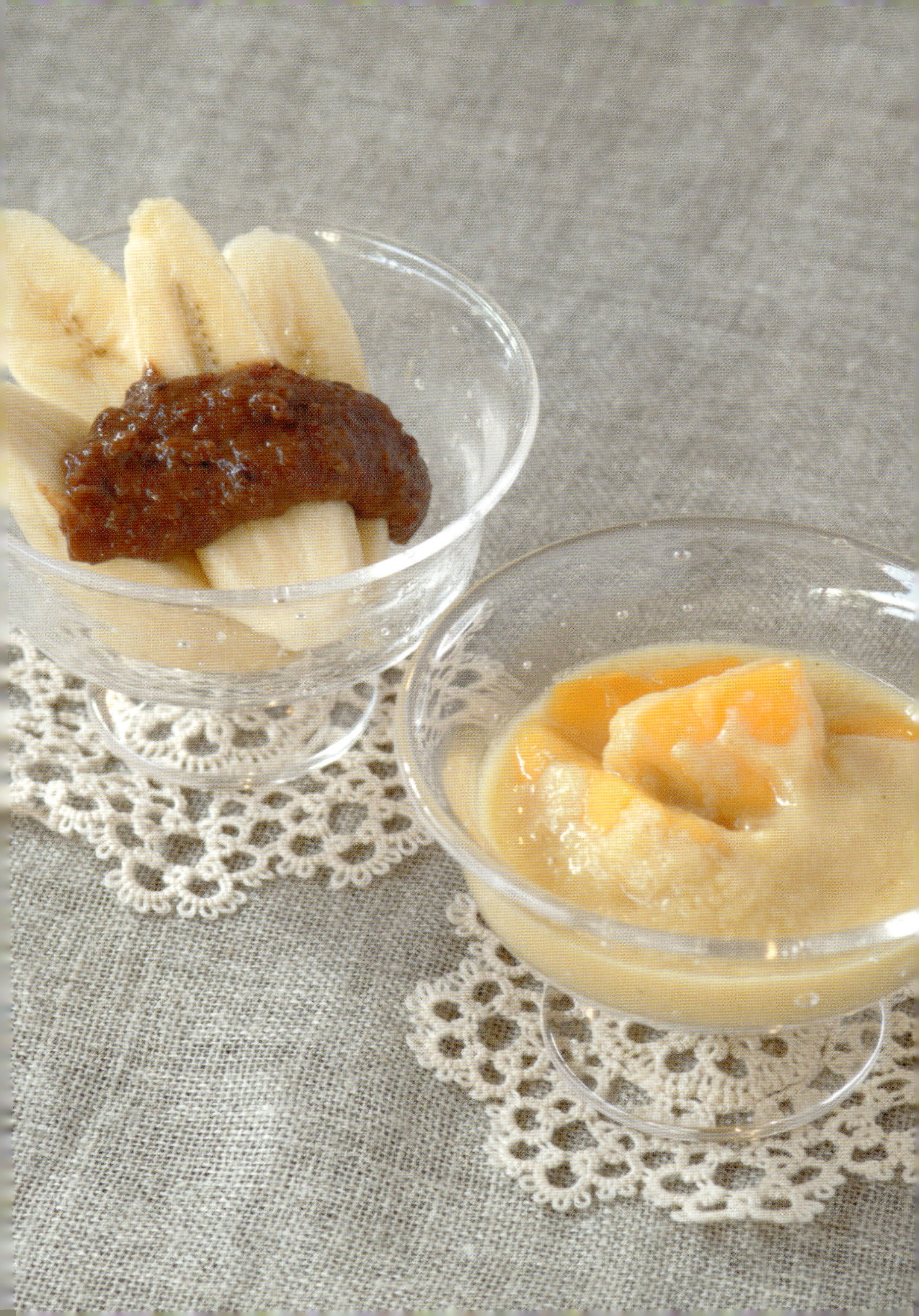

つぶつぶ甘酒2色スムージー

目にも舌にも魅惑のリッチスムージーはいかが

キビホワイトスムージー

材料

キビ甘酒クリーム……80g　　ヒエ甘酒クリーム……20g　　トッピング用フルーツ…適量
水………………………大さじ4　　水………………………大さじ1
自然塩…………………少々　　　自然塩…………………少々

作り方

❶ 2種類の甘酒にそれぞれ水と塩を混ぜ、スムージーを作る。
❷ キビスムージーをグラスにそそぎ、ヒエチョコスムージーをそっと乗せる。
❸ フルーツをトッピングする。

ヒエチョコスムージー

材料

ヒエ甘酒クリーム……80g　　高キビ甘酒クリーム……20g　　トッピング用ナッツ…適量
水………………………大さじ4　　水………………………大さじ1
自然塩…………………少々　　　自然塩…………………少々

作り方

❶ 2種類の甘酒にそれぞれ水と塩を混ぜ、スムージーを作る。
❷ ヒエスムージーをグラスにそそぎ、高キビチョコスムージーをそっと乗せる。
❸ 煎ったナッツをトッピングする。

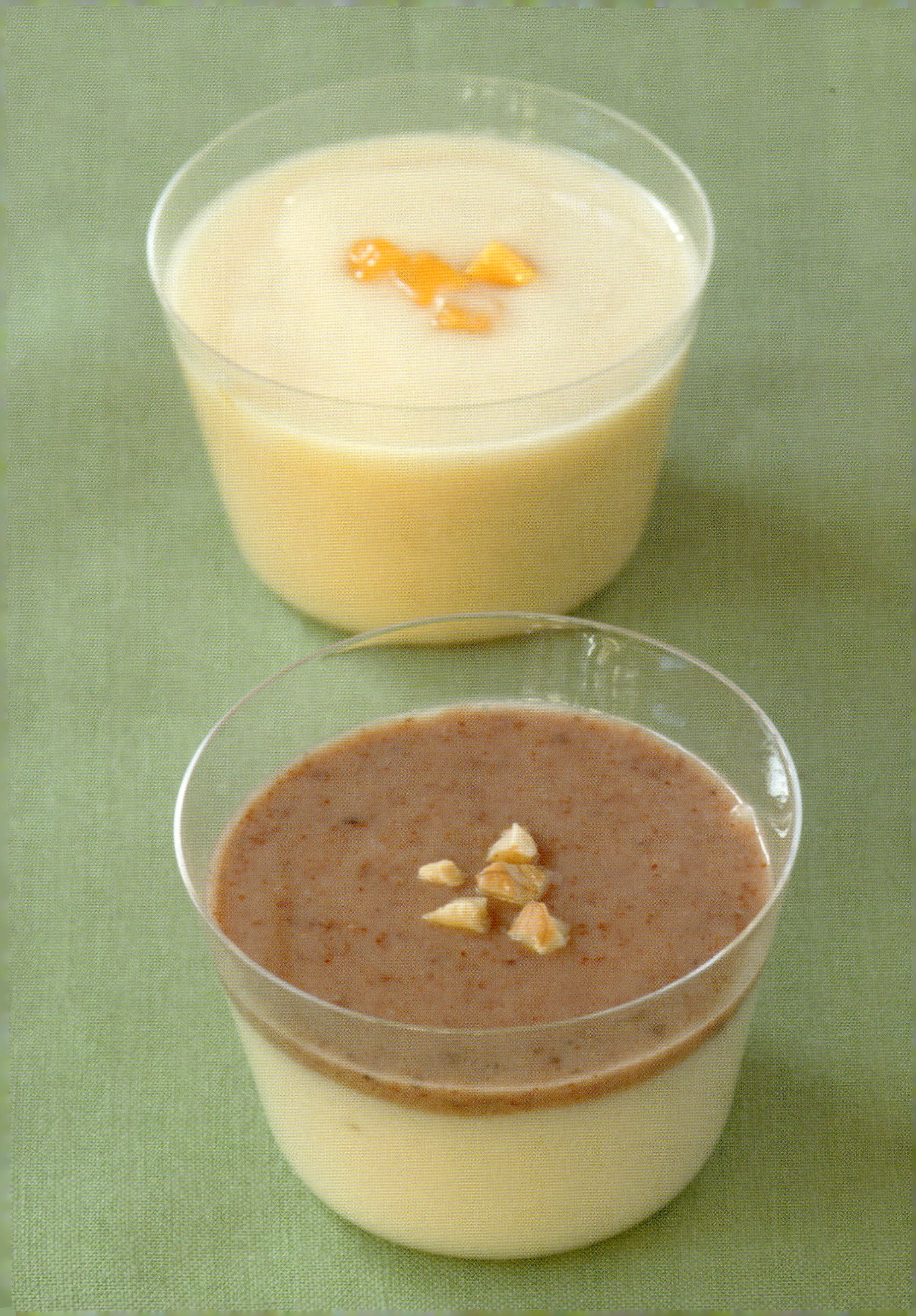

雑穀の栄養

穀物はデンプンのかたまりで、栄養のたりない食べもの、という認識がまだまだ一般的ですが、
じつは、穀物にはタンパク質や脂肪も充分に含まれています。
それだけではありません。体に必要な栄養素のほとんどが、それも、
人間の体にぴったりのバランスで含まれているんです。
雑穀には食物繊維とミネラルとビタミンもたっぷり含まれています。
さらに、米や小麦に少ない栄養成分が含まれているので、
雑穀を取り入れると食卓の栄養バランスが高まるのです。
野生の生命力を残した雑穀には、
分析できる栄養分以上の見えない力が宿っているのを実感しています。

> 雑穀には
> タンパク質も脂肪も
> 含まれています

炭水化物
体の基本燃料、一番多く必要な栄養素

タンパク質
細胞をつくるのに欠かせない植物性の必須アミノ酸がそろっていて、その質の高さが評価されている。どの雑穀にも炭水化物の1/7量という完全燃焼バランスで含まれている

植物性脂肪
意外と脂肪分も豊富。細胞をつくるのに欠かせない必須脂肪酸が多いのが雑穀の特徴

ビタミン
炭水化物、タンパク質、脂肪、三大栄養素の消化吸収にはビタミンが欠かせない。雑穀には、炭水化物の燃焼に欠かせないビタミンB群を主に、すべてがそろっている

ミネラル
マグネシウムや亜鉛、鉄など、現代食にかけているミネラルがとくに豊富

酵素
体の働きを推進する主役である酵素が豊富

繊維
食物繊維の密度と質が抜群で豊富に含まれている

ポリフェノール
雑穀の色は抗酸化力をもったポリフェノール類の色

体を調整してくれる各種植物栄養素
その種類2000にもおよぶといわれる、体の諸機能を調整してくれる植物性栄養素の宝庫

ヒエ・アワ・玄米 の 栄養成分比較

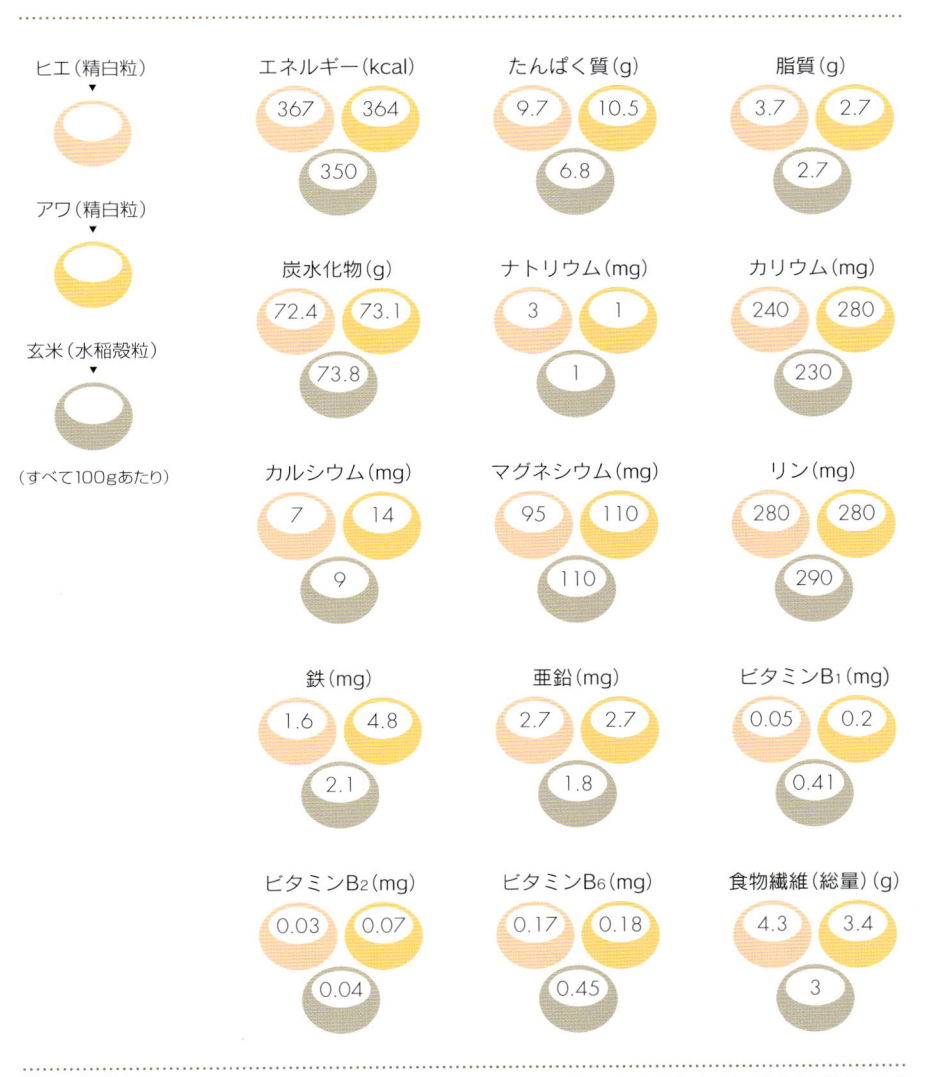

ヒエ（精白粒）

アワ（精白粒）

玄米（水稲穀粒）

（すべて100gあたり）

	ヒエ	アワ	玄米
エネルギー(kcal)	367	364	350
たんぱく質(g)	9.7	10.5	6.8
脂質(g)	3.7	2.7	2.7
炭水化物(g)	72.4	73.1	73.8
ナトリウム(mg)	3	1	1
カリウム(mg)	240	280	230
カルシウム(mg)	7	14	9
マグネシウム(mg)	95	110	110
リン(mg)	280	280	290
鉄(mg)	1.6	4.8	2.1
亜鉛(mg)	2.7	2.7	1.8
ビタミンB_1(mg)	0.05	0.2	0.41
ビタミンB_2(mg)	0.03	0.07	0.04
ビタミンB_6(mg)	0.17	0.18	0.45
食物繊維（総量）(g)	4.3	3.4	3

● 文部科学省 科学技術・学術審議会 資源調査分科会 報告「五訂増補日本食品標準成分表」をもとに作成

雑穀の魅力

調和の波動で未来を癒す

　つぶつぶ雑穀は、調和のとれた波動をもっています。青森で発掘された縄文遺跡からも、ヒエをはじめいくつかの雑穀があったことがわかっています。
　雑穀を栽培していたのは女性たちでした。
　命の原理で、男性と女性を調和させて集落を取りまとめていたのも女性。女性がリードしていた縄文時代、人々は数百年以上も同じ場所に定住し、ほとんど争ったり破壊した痕跡がないのです。
　男も女もシンプルに、でもおしゃれ心をもって装い、自然に育まれる暮らしを謳歌していました。世界各地で5000～6000年も前の遺跡の発掘が進んでいますが、ほとんどの遺跡が同じ事実を示しています。
　本来、命を宿し育てる役割は女性のものです。いつからか、男性原理だけが一人歩きして暴走し、人類の危機ともいえる状況を招いてしまいました。「穀物丸ごと食＝つぶつぶクッキング」で、眠っている女性原理をまず女たち一人ひとりの体に取り戻しましょう。そして、男性原理の暴走で手に負えなくなってしまった社会を、女性原理で調和する、たおやかな社会に変えていきましょう。それは、男性の潜在的な望みでもあるのではないでしょうか。
　つぶつぶ食生活への転換は、文明の女性性を目覚めさせ、争いのない調和のとれた社会を創るための力強い第一歩なのです。

雑穀でいざというときの備えは万全

　雑穀は米に比べて冷害や気候の変動に対する適応力があるので、昭和30年代まで全国の寒冷地や山間地の主要な自給食糧でした。「雑穀ばかり食べていた頃は、冷害なんてなかったなぁ」と岩手県の軽米町で今もヒエを作り続け、食べ続けているおじいさんは言っていました。歴史的な飢饉の時や戦争中に、多くの人の命を救ったのも雑穀です。
　少ない水、少ない肥料で育つので、米や小麦のできない山間地で充分生育できます。岩手県の岩泉町では昭和44年頃まで、買うのは塩くらいで、あらゆる雑穀と豆、野菜、味噌、もろみなどを作って、一町歩ほどの土地を耕して10人家族が自給して健康に暮らしていたそうです。
　穀物と野菜から栄養をとる食生活なら、なんと肉の30分の1の食糧でたりるといわれています。
　今から「つぶつぶ」たちのおいしさに親しみ、料理法を身につけて、種継ぎをしていれば、いざという時に自分の命も家族の命も悠々と守ることができます。

1粒万倍の生命創造力

　5月は田植えの季節。1粒の米は苗になって田んぼに植えられると、しっかり根を張る努力をします。つぎに、分けつといって扇形に十数本の茎をぐんぐん伸ばし、そして秋には、それぞれの茎の先に150～200粒の米を実らせます。なんと、1粒から2000～3000粒のお米が生まれる計算になります。

　1膳のごはん茶碗の中には、3000粒のお米が入っています。1株の稲から収穫されるお米の生命力が3000粒、ぎっしり詰まっています。

　同じように、ヒエもアワもキビも、つぶつぶ穀物たちはみんな、その1粒の中に自分自身の分身を数千～万倍生み出す生命創造のシステムを宿しています。

　雑穀は、乾燥した状態なら何年もこの生命力を持続することができます。

　驚異的な話ですが、1500年前の遺跡から出てきたアワが、しっかり現代に実って命をつないでいるそうです。

　それに比べて、現代のお米は、1年で発芽率が半分以下になってしまうそうです。

　片手に1杯の穀物を種として蒔けば数千倍に増え、1年分を収穫し、収穫した中からまた一握りを残して蒔くことを繰り返せば、永遠に私たちの命を養ってくれるミラクルな食べものが雑穀です。

　1粒万倍の生命力を宿した雑穀を毎日食べると、私たちの体の生命創造のシステムも大きく高まります。

農薬いらずのエコ作物

　伝統的に、ヒエ、麦、大豆またはアワ、麦、大豆の輪作で、畑の地力も人の健康も守られてきました。雪の降る東北地方では、2年かけてこの3種を輪作していました。最初の畑が2年輪作している間に、つぎの畑を1年ずらして始めて毎年収穫していたのです。すごい知恵だと思いませんか。

　冬には体をあたためるヒエ、アワ、キビを、夏には体を冷やす麦を中心に食べ、カリウムの多すぎる消化しにくい大豆は麦と塩と抱き合わせて発酵させ、ミネラルバランスのとれた消化のよい味噌にしておかずや汁にする食生活で、私たち日本人の命は守られてきたのです。

　1粒の命創造のシステムと、大地の生命創造システムを丸ごと味わいつくす食生活です。

　雑穀は生命力が強く病気になりにくいので、農薬が必要ないのも大きな魅力です。より多くの人が雑穀を食べるようになれば、世界の食糧問題を解決していく大きな力になります。

未来食ショップ つぶつぶ

雑穀の通販なら「つぶつぶ」をご利用ください。
「つぶつぶ」は、これまで約30年の普及活動を経て、
農薬不使用のおいしい国産雑穀を皆様のご家庭にお届けしています。

つぶつぶ雑穀1カップシリーズ

1カップシリーズはここが違う！おいしさの秘密

国産、農薬不使用
安心の国産、農薬不使用。真心をこめて育てられた雑穀は、おいしさが違います！
※生産量の少ない雑穀は一部、外国産の有機栽培のものを取り扱っています。

顔が見える
つぶつぶの活動に賛同している生産者「つぶつぶ栽培者ネット」の雑穀、または顔の見える地域団体の雑穀です。

使いやすい量
1袋は、レシピにあわせた1カップサイズ。雑穀は炊くと2〜3倍に増えるので、1カップで約10人分です。

最後にここがポイント！
生産者も、販売しているスタッフも、つぶつぶのレストランでも、この雑穀を毎日おいしい♪おいしい♪と食べています。

お買い求めは
おいしい雑穀専門店 未来食ショップ つぶつぶ
未来食ショップつぶつぶ 検索
www.tsubutsubu-shop.jp

私たち未来食ショップつぶつぶでは、つぶつぶグランマゆみことその仲間たちが、日々の暮らしの中で実際に使用しているものだけを販売しています。どれも妥協なく選び抜いた逸品です。

\\ おいしい雑穀専門店 未来食ショップつぶつぶ厳選！/

※2017.3 現在の価格です。

ヒエ
体を温める力が一番強い。
クセのないミルキーな食感。
1カップ ¥741 / 3カップ ¥2,000（税別）

もちキビ
コレステロールを下げる
効果がある。
1カップ ¥741 / 3カップ ¥2,000（税別）

もちアワ
血液循環を良くし、母乳の出を
良くする効果がある。
1カップ ¥741 / 3カップ ¥2,000（税別）

うるちアワ
鉄分が多い。歯ごたえのある
プチプチとした食感。
1カップ ¥741（税別）

高キビ
アミノ酸に富み、解毒力が高い。
弾力のあるキュッとした食感。
1カップ ¥741 / 3カップ ¥2,000（税別）

アマランサス（国産・ペルー産）
食物繊維とミネラルが多く、
ふやけないのが特徴。
1カップ ¥741（税別）

五穀
ごはんに混ぜると
栄養価さらにアップ！
1カップ ¥815 / 3カップ ¥2,204（税別）

キヌア（国産・ボリビア産）
食物繊維とミネラルの多さが
抜群のふやけない雑穀。
国産 ¥972 / ボリビア産 ¥741（税込）

粒ソバ
心臓を強化するといわ
れるルチンを含む。
1カップ ¥741（税別）

黒米
もち米の先祖。
強い抗酸化力がある。
1カップ ¥741（税別）

ハト麦
肌を美しくする
美容効果がある。
1カップ ¥880（税別）

Tubu-Tubu Quality

つぶつぶのポリシー　POLICY

1、適正価格で全量買い取ることによって
　雑穀栽培の輪を広げる
2、雑穀の価値とおいしさ、料理法を伝え、
　つぶつぶ食生活実践者の輪を広げる
3、雑穀栽培者とつぶつぶ食生活実践者の
　顔の見える流通ネットワークを育てる

- 生命のルールを守る
- 透明でフェアな生産と流通
- 国内産へのこだわり
- 動物性食品不使用
- 砂糖類不使用

TUBU TUBU - INFORMATION -

Shopping

つぶつぶ雑穀おかずをつくる、おいしい雑穀専門 通販サイト

未来食ショップ つぶつぶ

https://www.tsubutsubu-shop.jp `オンラインショップ`

Lessons

経験豊富な公認講師から つぶつぶ雑穀料理の技を習える
雑穀 × ビーガン × おいしい 料理レッスン＆セミナー

つぶつぶ料理教室

https://tubutubu-cooking.jp `全国各地`

レッスンで使う食材はすべてオーガニック＆ナチュラルを基準に
乳製品・卵・砂糖・動物性食品・添加物不使用です。

３６５日毎朝届く！
無料レシピメルマガ 配信中！

毎日の「食べる」が
楽しくなる料理や
食べ方のヒント付き。

http://go.tubu-tubu.net/recipemail_gbook

雑穀 × ビーガン × おいしい！
肉・魚・乳製品・卵など動物性食品不使用、砂糖不使用、添加物不使用の
未来食つぶつぶレシピ３０００種類の中から厳選した、季節の野菜料理、
雑穀料理、ナチュラルスイーツレシピなどを毎日お届けします。

つぶつぶ入会案内

会員限定クーポンがもらえたり、各種イベント・セミナーに参加できます。
>> ご入会はこちら　https://www.tsubutsubu.jp/kaiin

おわりに

「余ったごはんが、たった一晩でとびきりの栄養価をもったナチュラルスイーツに生まれ変わる魔法」を知ってから、わが家では、毎日、夢のようなデザートタイムを家族みんなで満喫しています。

　はじめて、できあがった甘酒を食べたときの感動は、忘れられません。

　雑穀甘酒スイーツは、しっかり甘いのに、今まで食べた甘さとは違ってうま味がありました。お腹の調子もいいみたいです。信じられないかもしれませんが、甘酒アイスを食べても、体の中は冷えすぎないのです。体の中からホカホカしてきて、手の先も足の先も冷えなくなりました。

　甘いものを食べた後に、ブルーな気分に落ち込む現象も、まったくなくなりました。

　こんなに素晴らしい天然の甘味料が、毎日のごはんからこんなに簡単に作れることを、もっともっとたくさんの人に知って欲しい！

　そんな熱い思いから、夢のような本が生まれました。

　家族にもお客さまにも大人気、魅惑の「雑穀甘酒（つぶつぶ）スイーツレシピ」、みなさんに贈ります。

　　　　　残雪の残る春のいのちのアトリエにて　大谷ゆみこ

大谷ゆみこ（おおたに・ゆみこ）　暮らしの探検家・食デザイナー

日本の伝統食である雑穀に「つぶつぶ」という愛称をつけ、
数千点におよぶ「つぶつぶベジタリアン」レシピを創作、
体と地球に平和を取り戻す「ピースフード」として提唱。
とびきりおいしくて、おしゃれで、シンプル＆ダイナミックな
未来食流食卓術のファンが全国で急増している。
1995年、「ピースフードアクションnet.いるふぁ」の設立を呼びかけ、
いのちを輝かせるおいしさを伝えるさまざまな活動を展開。
「未来食サバイバルセミナー」の運営に力を入れている。
雑穀を社会現象にするための新しいアプローチとして、
2003年3月に雑穀料理と暮らしの専門誌「つぶつぶ」を発刊、
2006年からは「つぶつぶカフェ 世界の街角計画」推進中。
東京と長野で「つぶつぶカフェ」を運営。
大谷ゆみこのつぶつぶレシピ＆グルメエッセイメルマガ
「雑穀大好き！ つぶつぶ大好き！ いのちを輝かせるおいしさ」の人気も上昇中！
http://www.tsubutsubu.jp

つぶつぶ雑穀甘酒スイーツ
甘さがおいしい驚きの簡単スイーツレシピ

2006年6月14日　初版発行
2025年3月3日　13刷発行

著　者　　大谷ゆみこ

デザイン	原圭吾（SCHOOL）、山下祐子
撮　影	吉田彩子
調理協力	橋本光江、阿部芳美、郷田ゆうき、郷田未来
協　力	いるふぁ未来食研究会
レシピタイトル	伊藤桃子

発行者　　佐久間重嘉
発行所　　株式会社 学陽書房
　　　　　東京都千代田区飯田橋1-9-3 〒102-0072
　　　　　営業部　TEL03-3261-1111　FAX03-5211-3300
　　　　　編集部　TEL03-3261-1112　FAX03-5211-3301
印　刷　　東光整版印刷
製　本　　東京美術紙工

©Yumiko Otani 2006, Printed in Japan
ISBN978-4-313-87113-7　C2077

乱丁・落丁本は、送料小社負担にてお取り替えいたします。
定価はカバーに表示してあります。